알고 믿으면 희망이 되는
종말론 이야기

알고 믿으면
희망이 되는

종말론
이야기

명형진 지음

성서와함께

머리말

안녕하세요? 신학을 공부하고 가르치는 시몬입니다. 종교 서적을 읽어 본 적이 있으신가요? 이 책을 집어 든 분들 가운데는 신앙에 관한 책을 처음 접한 분도 있을 것이고, 가끔 신심 서적을 읽거나 신학을 공부하는 분도 있으리라 생각합니다. 성당에 다니지만 아직은 신앙 서적이 낯선 분도 있겠지요.

서점에 가면 다양한 책을 볼 수 있습니다. 베스트셀러부터 유명 작가의 소설과 에세이, 그리고 요즘 필수로 여겨지는 이른바 자기 계발서까지. 디지털 시대에 종이책 출판이 어려운 상황이지만, 여전히 우리의 지식과 마음을 채워 줄 책이 무수히 출간되고 있습니다. 물론 종교 분야의 책도 있는데, 대부분 서점의 한쪽 구석에

비치되어 있지요. 하지만 우리가 애써 그곳을 찾아가더라도 가톨릭 서적은 많지 않습니다. 아마도 수요에 따라 공급을 조절하기 때문이겠지요? 수요가 적다 보니 일반 서점뿐 아니라 본당 성물방의 도서 칸도 그 자리를 성물에 내어 주는 경우가 많습니다. 신앙 서적을 읽는 일이 낯선 이유는 무엇일까요?

"믿음을 가지는 데 책까지 읽어야 하나? 그냥 믿자!" 우리는 종종 신앙을 이렇게 학습해 왔습니다. 또 한편으로는, 예비신자 교리를 마치고 나면 가톨릭 교리는 '당연히' 다 믿는다고 고백해야 했습니다. 어릴 적부터 성당에 다닌 분들에게는 주일학교에서 배운 교리가 기억도 나지 않는 과거의 이야기가 되었고, 신앙생활을 이어 가면서도 신앙과 교리에 대한 의문이나 궁금증이 생길 때 마음 편히 물어볼 곳이 없지요. 또 궁금한 마음에 질문을 던지고 싶어도 믿음이 없는 사람처럼 비칠까 걱정되어 슬며시 묻어 두고는 합니다. 그래서 자연스레 신앙에 대해 어느 정도 아는 것처럼 행동하며, 머리로 아는 것보다 마음으로 느끼고 실천하는 것이 중요하다고 생각하기도 합니다. 그러다 신앙의 위기가 찾아오면, 애써 다져 온 마음이 너무 쉽게 허물어지고 맙니다. 집안에 우환이나 중요한 일이 생기면 주일미사 참례도 잊은 채 세상일에 몰두하게 되고, 성당 봉사 중에 인간관계에서 어려움을 겪게 되면 형제자매들과 나눈 따뜻했던 마음 역시 상처를 입어 성당에 가기 싫어지기도 하지요.

이런 우리 자신에게 질문해 봅시다. 우리는 왜 성당에 나갈까요? 우리가 믿는 하느님은 어떤 분이실까요? 우리는 신앙 안에서 무엇을 얻고자 할까요? 무엇이 우리를 믿게 하고, 희망하게 하고, 사랑하게 할까요?

신앙생활은 믿음의 삶입니다. 곧, 신앙은 믿는 것이며, 믿는 것은 하느님과 나누는 통교입니다. 그래서 하느님과 마음을 나누는 일이 무엇보다도 중요합니다. 아마 여러분은 열심한 신앙생활 안에서 하느님과 마음을 나누는 일들을 충실히 해내고 있으시리라 생각합니다.

주일미사에 참례하며 충실히 성사 생활을 하고, 이웃에게 하느님 사랑을 전함으로써 복음을 실천하고, 또 시간을 내 봉사함으로써 하느님과 마음을 나누고 계시겠지요. 이렇게 우리는 우리가 믿는 바를 충실히 실천하고 있습니다. 그런 여러분에게 신앙의 '태도'를 지탱하는 신앙의 '내용'에도 관심을 가지도록 초대하고자 합니다.

이 책은 우리가 믿음의 대상을 올바로 알고 믿으면, 그 믿음이 희망이 되리라는 기대에서 출발했습니다. 예수 그리스도를 믿고 희망한다는 것이 무엇인지 알게 될 때, 미사 참례나 본당 활동도 기쁘게 할 수 있습니다. 또, 우리에게 신앙의 위기가 찾아와 예수 그리스도를 떠난다 하더라도 그분만이 유일한 희망이요 참된 구원자이심을 기억한다면, 다시 마음을 돌려 하느님께 돌아올 수 있습니다.

   이 책을 통해, 종말신앙에서 우리의 희망을 찾아보려 합니다. 가톨릭의 종말신앙은 희망을 말하기 때문입니다. 종말이 희망보다는 두려움으로 다가온다고 말하는 분들이 있습니다. 종말에 대한 가톨릭교회의 신앙과 교리를 올바로 알고 믿는다면 종말은 두려운 것이라는 편견에서 벗어나, 희망을 더 크게 키울 수 있습니다.

한편으로 오늘날 우리 주변에는 잘못된 종말 이론으로 오히려 희망을 빼앗고 두려움을 퍼뜨리는 이들이 있습니다. 그들의 잘못된 주장을 살펴보고, 그 주장에 맞서 우리의 참된 신앙을 지키는 것도 제가 이야기하려는 바입니다.

특히 '천년왕국설'에 대해 자세히 알아 보려 합니다. 종말을 빌미로 잘못된 주장을 펼치는 많은 사람들이 이른바 천년왕국설을 주장하고 있기 때문입니다. 지금까지도 우리 주변에 퍼져 있는 그 이론의 오류가 무엇인지, 그 이론이 언제 어떻게 생겨났고, 어떻게 퍼져 나가 지금 우리에게까지 왔는지를 아는 것만으로도 우리는 그 유혹에서 벗어나 고귀한 신앙을 지키고 참된 희망을 키울 수 있습니다.

그러면 이제부터 알고 믿으면 희망이 되는 그리스도교 종말론 이야기를 시작해 볼까요?

"여러분이 지닌 희망에 관하여 누가 물어도 대답할 수 있도록 언제나 준비해 두십시오"(1베드 3,15).

차례

머리말 · 4

1장 종말은 희망이다

1. 왠지 무서운 단어 '종말' · 19
2. 종말, 끝에서 시작되는 구원의 이야기 · 24
3. 천년왕국설과 종말 · 36

2장 초대 교회의 천년왕국설

1. 천년왕국설의 기원 · 46
2. 유다이즘의 묵시 사상 · 50
3. 요한묵시록의 천년왕국설 · 56

3장 교부 시대의 천년왕국설

1. 천년왕국설의 전개 · 67
2. 오리게네스의 비판 · 80
3. 아우구스티누스의 비판 · 87

4장 다시 나타난 천년왕국설

1. 피오레의 요아킴 · 104
2. 요아킴의 주장:
   선명한 하느님 상을 찾아서 · 111
3. 요아킴의 꿈: 영적인 교회 · 120
4. 요아킴의 영향과 평가 · 124

5장 그리스도교 공동체의 분열과 천년왕국설

1. 혼돈과 분열의 시대 · 139
2. 천년왕국설로 분열된 교회 · 150

6장 전 세계에 번진 천년왕국설

1. 영국에 도달한 천년왕국 사상 · 169
2. 미국에 도착한 천년왕국설 · 179
3. 한국에 전해진 천년왕국설 · 195
4. 신비주의 이단 분파의 확산 · 203

7장 하느님 나라를 향한 참된 희망

1. 죽음을 넘어선 희망 · 225
2. 그리스도 재림을 기다림 · 246
3. 구원의 현장인 교회 · 269
4. '이미'와 '아직' 사이의 희망 · 283

부록 · 300

1장
종말은 희망이다

왜 그렇게 무서운 걸
공부하세요?

종말은
구원이며 희망이기 때문에
무섭지 않습니다.

"왜 그렇게 무서운 걸 공부하세요?", "종말이 오는 날은 언제인가요?" 사람들은 종말론을 공부하고 가르치는 제게 불안한 기색을 보이기도 하고, 종말론을 공부하면 지구 종말의 날을 알아맞힐 수 있기라도 한 것처럼 그날이 언제인지 묻기도 합니다.

일반적으로 종말은 사람들에게 두려움 혹은 호기심의 대상입니다. 하지만 예수님께서 선포하신 하느님 나라의 복음을 믿고 따르는 그리스도인에게 종말은 두려움이 아니라 희망입니다. 예수님께서 우리에게 "때가 차서 하느님의 나라가 가까이 왔다"(마르 1,15)라고 말씀하셨기 때문입니다. 예수님께서는 하느님 나라가 가까이 왔다는 설렘을 더욱 북돋으셨고, 심지어 하느님 나라가 가까이 오다 못해 우리 가운데 있다고(루카 17,21 참조) 알려 주셨습니다. 이 얼마나 기쁜 소식인가요? 하느님 안에서 살아가고 영원히 하느님과 함께 살기를 갈망하는 우리에게는 기쁜 소식, 복음福音이 아닐 수 없습니다. 하느님 나라는 결코 두려움으로 다가오지 않습니다.

> ### 종말
>
> 종말이란 말 그대로 마지막 또는 마침이란 뜻이다. 종말론은 마지막 일들(인간의 최후, 죽음, 심판, 육신의 부활, 천국, 연옥, 지옥)과 그리스도의 재림에 대한 그리스도교 신앙 진리를 말한다. 신경의 끝부분에서 우리는 이를 고백한다.
>
> 〈간추린 가톨릭 교회 교리서〉, 360쪽
>
> 일반적으로 종말론은 창조의 완성과 개별적이고 보편적인 구원 역사의 완성에 대해 이야기한다. 여기서 완성은 단지 시간과 공간에서 이루어지는 완성을 의미하는 것이 아니라 하느님께서 창조하신 모든 것은 영원한 생명에 참여하는 생명의 충만함에로 불리움을 받았다는 그리스도교의 희망을 의미한다.
>
> G. Greshake, "Escatologia", in Jean-Yves Lacoste, *Dizionario critico di teologia*, Borla, Roma 2005, p.494

1. 왠지 무서운 단어 '종말'

인류 종말을 둘러싼 예언

👤 여러분, '종말' 하면 제일 먼저 무엇이 연상되나요?

👥 사실 모든 것이 끝이라는 생각에 죽음이 먼저 떠올라요. 또 영화에서처럼 여기저기서 폭발이 일어나고 건물이 무너져 내리거나, 지진이나 해일 같은 자연재해로 사방이 폐허가 되는 모습도 상상이 되고요.

👤 네, 아마도 많은 분이 비슷하게 생각하실 듯합니다. 혹시 '노스트라다무스의 예언'이라고 들어 보았나요? 1999년에 지구가 멸망한다는 소문이 돈 적이 있습니다. 그런데 그런 일이 실제로 벌어졌을까요?

👥 아니요, 아무 일도 일어나지 않았어요. 벌써 20년도 더 지났는데, 그때 무슨 일이 있었다면 지금 우리가 존재할 수 없겠지요.

👤 그렇습니다. 이외에도 세기말의 시한부 종말에 대한 여러 선동이 있었어요. 어쩌면 이런 것들이 우리 사회에 서서히 스며들어 '종말'이라고 하면 우선 두려움부터 생기는 것인지도 모르겠습니다.

종말을 주장하던 그리스도교 이단

👤 그런데 안타깝게도 인류 종말과 지구 파멸에 대한 예언이 최근 그리스도교 안에서도 있었습니다.

👥 그런 이야기는 듣지 못했는데요?

👤 일단 '그리스도교'에 대한 정의부터 생각해 봅시다. 그리스도교는 말 그대로 '그리스도를 믿고 따르는 이들', 곧 그리스도를 구원자로 믿는 종교입니다. 그 역사를 살펴보면 처음에는 예수 그리스도에 대한 같은 믿음을 고백했지만, 안타깝게도 몇몇 분파로 갈라지게 됩니다.

👥 예비신자 교리 때 개신교와 천주교의 뿌리가 같다는 내용을 들었던 기억이 나요.

👤 맞습니다. 넓게는 개신교 신자들도 가톨릭 신자인 우리처럼 예수 그리스도께서 구원자 하느님이심을 믿고 고백하기 때문에 같은 그리스도교 신자입니다. 몇몇 신앙고백 내용은 차이가 있을지라도 믿음의 뿌리와 희망은 예수 그리스도를 통한 구원이라는 점에서 같다고 볼 수 있습니다. 개신교뿐만이 아닙니다. 가톨릭에서 갈라져 나간 동방정교회, 그리고 성공회까지 사실 모두 같은 뿌리에서 나왔습니다.

여기서 문제는 같은 뿌리에서 갈라져 나간 분파sect 이

외에 혼란과 분열을 불러온 이들이 있었다는 것입니다. 그들과는 같은 선상에서 출발했지만, 닿는 곳이 서로 달랐습니다. 예를 들면 신앙생활에서 성경을 매우 중시하지만, 전체 맥락과 상관없이 해석하여 자신들의 주장을 끼워 맞추는 식이었습니다. 이런 사람들(집단)을 '이단異端'이라고 부르는데, 이는 같은 뿌리에서 갈라져 나와 다른 끝에 이르렀다는 뜻입니다.

그리스도교 전통에서 출발했지만 독자적인 주장을 펼치며 그리스도교와 멀어진 이단들이 존재합니다. 하지만 초세기 그리스도교 이단들이 처음부터 부정적인 면만 지녔던 것은 아닙니다. 예수님의 존재와 복음적 삶을 고민하던 이들 나름의 주장이 교회의 공동 신앙고백과 합치되지 못할 때, 교회는 '그것은 그리스도교의 신앙고백과 같은 뜻이라고 할 수 없다', 곧 "이렇게 말하는 사람은 파문될 것이다"라는 조항으로 다름(이단)을 판정했습니다. 그들의 주장이 교회에서 받아들여지지 않은 것이지요. 그들이 교회의 판단을 받아들이고 자신의 주장을 철회한다면 교회는 사람 자체를 단죄하지 않았고, 이 과정을 올바른 믿음을 찾아가는 계기로 삼았습니다.

이단이 출현한 원인은 여러 가지겠으나, 그중 하나는 하느님을 더 알고자 한 사람들의 노력이었습니다. 그러나 시간이 지나면서, 저마다 다른 속내를 품고 자기 주장을 내세우는 사람들이 교회를 분열시키기 시작했습니다. 예수님께서는 분명 종말을 희망이라고 말씀하셨는데, 어느새 이들은 종말을 두려움으로 둔갑시키고, 종말에 대한 불안과 두려움을 조장했습니다.

우리 주위의 종말 예언 사건

자, 다시 돌아와서 인류 종말과 지구 파멸을 예언한 이단 종말론자들이 우리 주위에도 있었는지 기억을 더듬어 볼까요?

다미선교회라는 이름을 들은 적이 있습니다.

기억하는군요! 지금도 세상 종말에 대해 선동하는 누군가가 나타나면 TV에서는 1992년에 우리나라를 떠들썩하게 했던 다미선교회 사건을 언급합니다. 다미선교회는 이장림이라는 목사가 개신교에서 나와서 설립한 자신만의 교회였습니다. 그는 1992년 10월 28일에 세상의 종말이 일어나고, 이때 다미선교회에 모여 있는 사람들만 살아남을 것이라며 대중을 선동했습니다.

"그때에 누가 너희에게 '보라, 그리스도께서 여기 계시다!' 또는 '아니, 여기 계시다!' 하더라도 믿지 마라. 거짓 그리스도들과 거짓 예언자들이 나타나, 할 수만 있으면 선택된 이들까지 속이려고 큰 표징과 이적들을 일으킬 것이다"(마태 24,23-24)라는 예수님의 말씀을 사람들은 새까맣게 잊은 듯합니다.

도저히 이해가 안 됩니다. 어떻게 그런 말도 안 되는 이야기를 믿을 수 있을까요?

그 부분은 한마디로 잘라 말하기가 어렵습니다. 우선 선동된 사람들의 처지와 심리 상태를 이해해 보려는 노력이 필요합니다. 뒤에서 자세히 살펴볼 내용인데, 유다교의 묵시문학에 대해 들어 본 적 있나요? 유다교 신자들은 어려운 상황 속에서도 희망을 꿈꾸며 묵시문학 작품을 썼고, 그것을 통해 고통과 시련을 믿음으로 극복하고자 했습니다. 이처럼 위기에 처한 이들은 어딘가 매달릴 곳이 필요합니다. 그런데 매달릴 곳이 아무 데도 없다면 이단의 달콤한 유혹에 빠져들기 쉽겠지요. 그들에게는 그것이 하나의 탈출구였을 것입니다. 더 큰 문제는 이러한 사람들이 점점 늘어나고 있다는 점입니다.

설명을 듣고 나니 조금은 이해가 됩니다. 그렇다면 가톨릭에서 말하는 종말은 어떻게 우리에게 희망이 될 수 있을까요?

👤 좋은 질문입니다. 그러면 종말이 무엇인지부터 이야기해 보겠습니다.

2. 종말, 끝에서 시작되는 구원의 이야기

종말, 새로운 시작

👤 종말은 말 그대로 '끝'을 의미합니다. 지구의 종말은 지구의 마지막을, 인류의 종말은 인류의 마지막을 뜻하지요.
👥 그렇다면 그리스도교의 종말도 그리스도교가 사라져 버린다는 의미일까요?
👤 그리스도교의 종말이 그리스도교의 소멸을 의미하는 것은 아닙니다. '끝은 새로운 시작이다'라는 말이 적절한 표현일 수 있겠군요. 그리스도인들에게 종말이란 새로운 시작이기 때문입니다. 실제로 그리스도인들에게 마지막은 항상 궁금한 대상이었습니다. '하느님께서 창조하신 모든 만물의 끝에는 무엇이 있을까? 마지막에는 어떻게 될까?'라는 물음이 그리스도교 종말론의 시작점이라고 볼 수 있습니다.

🧑‍🤝‍🧑 '인간은 어디에서 왔고, 어디로 가며, 죽으면 어떻게 될까?'라는 생각을 해 본 적이 있어요.

👤 사실 우리의 믿음과 신앙이 자라나는 자리가 바로 그곳이기도 해요. 우리가 한계를 맞닥뜨렸을 때 그 너머를 바라볼 수 있는 정신과 의지는 하느님께서 인간에게만 주신 특별한 선물이기 때문에 하느님 안에서 한계를 뛰어넘을 희망과 기대도 갖는 것입니다.

그렇지만 인간에게는 죽음이라는 궁극적인 한계가 있습니다. 세상을 어떻게 살아왔든, 누구도 죽음을 피할 수는 없습니다. 사람은 죽음 앞에서 무력감을 느끼기도 하고, 그 한계를 넘어서 이를 극복하고 싶다는 기대도 합니다. 여기에서 그리스도교 종말신앙이 자라난다고도 볼 수 있습니다. 그리스도교 종말신앙은 나의 마지막, 세상의 마지막, 그리고 역사의 마지막에 대한 궁금증에서 시작되었기 때문입니다.

'내가 죽으면 어떻게 될까? 마지막에 결국 죽는다면 이 삶은 과연 어떤 의미가 있을까? 죽음 이후에 무엇이 있기에 지금 이 삶이 의미 있는 것일까?' 이런 물음이 그리스도교 종말신앙의 출발점입니다. 또 '지난 시간이 다가올 시간과 어떻게 연결되는지, 다가올 시간은 어떻게 펼쳐질지, 앞날은 기대한 대로 전개될지 아니면 전혀 다른 방향으로 흘러갈지, 그리고 그 끝에는 어떤 일이 있을지'에 대한 질문 역시 그리스도교 종말신앙에서 역사의 마지막을 바라보는 중요한 기점입니다.

인간이 맞이하는 네 가지 '끝'

가톨릭교회에서는 사람이 죽으면 천국, 지옥, 연옥에 간다고 하잖아요? 교리나 강론 시간, 그리고 기도문에서도 이러한 주제들이 자주 언급되었던 것 같아요.

가톨릭교회에서는 전통적으로 종말에 대해 이야기할 때 죽음, 심판, 천국, 지옥이라는 네 가지 상태인 사말四末을 이야기해 왔습니다. 전통적인 교리 개념이기 때문에 그 뜻을 잘 이해한다면, 그것이 '끝'이 아니라 '시작'이라는 점도 이해할 수 있습니다.

사말 교리의 의미는 우리가 죽음 이후 맞이할 상태를 떠올리며, 현재의 삶을 충실히 살아가려는 데 있음을 잊지 말아야 합니다. 여기에서 이미 우리는 끝과 시작의 결합, 현재와 미래의 연결점을 생각해 볼 수 있습니다. '죽으면 모든 것이 끝'이라는 생각 때문에 현재에 매몰되거나, 반대로 현재의 삶을 경시하는 것은 종말신앙과 맞지 않습니다. 지금의 삶과 죽음 이후의 삶이 모두 하느님 안에 있다는 믿음이 바로 우리의 신앙입니다.

사람은 누구나 죽음을 맞이합니다. 우리는 죽음이 끝이 아님을 알고 믿기 때문에 죽음 이후의 상태를 궁금해합니다. 과연 하느님께서는 죽음에서 나를 버려두실 것인가? 아니면 넘을 수 없는 한계에서 나를 구원하실 것인가? 이 질문은 우리 신앙에서도 중요합니다. 그래서 교회는 모든 사람이 죽고, 죽음 이후에 하느님 앞에 나아가 자신의 행실을 바탕으로 심판(개별 심판)을 받는다고 가르칩니다. 개별 심판을 통해서 영원한 생명을 즉시 얻을 수 있는 이들은 천상 행복이 마련된 천국에 이르고, 지상 삶의 공덕이 부족하고 용서받아야 하는 죄가 남은 이들은 연옥의 정화를 통해 구원과 완성의 때를 기다리게 된다는 것입니다. 하지만 지상에서 하느님께 용서받지 못할 죄를 저지른 이들은 지옥의 영원한 벌을 받게 됩니다. 그리고 세상이 종말의 완성에 이르기 전에 그리스도의 다시 오심으로 최후의 심판이 이루어진다고 하지요.

최후의 심판을 생각할 때 사람들을 단죄하기 위해 심판자가 휘두르는 무서운 칼을 떠올리기에 앞서, 하느님의 크신 자비와 정의를 기억하는 것이 신앙에 더 큰 유익이 됩니다. 또한 복수심에 불타서 하느님의 정의를 기대하기보다는 하느님께서 바라셨던 일들, 곧 우리가 기도하던 하느님의 뜻이 완전히 이루어지는 때가 최후의 심판이라고 생각해 볼 수도 있습니다. 우리가 '하느님을 사랑하고 이웃을 사랑하라'는 계명을 지키며 살았는지, 특히 곤경에 놓인 사람들을 사랑하고 그들을 향한 자비의 마음을 실천했는지, 종말의 심판관이신 예수 그리스도께서 마지막 날에 판단하신다는 것이 최후의 심판에 대한 우리의 믿음입니다.

최후의 심판은 세상 끝 날 이루어질 악에 대한 단죄와 벌을 의미할 뿐만 아니라, 하느님께서 세상을 완성하시는 손길의 시작이기도 합니다. 그래서 우리는 세상 끝 날에 최후의 심판이 이루어져 악은 멸망하고 하느님 나라는 완성되며, 죽은 이들이 부활하여 하느님의 영광이 온 누리를 밝히리라는 희망을 고백합니다.

이 교리는 결코 인간에게 죽음을 두려움의 대상으로 만들어 '심판'을 강조하고 천국과 지옥, 연옥으로 사람들을 분류하는 분위기를 조성하려는 목적이 아닙니다. 인간이 죽음 이후의 삶을 희망하며 그것을 받아들이기 위해 지금 더 사랑해야 한다는 가르침이자, 천국에서 하느님과 함께 영원한 생명의 영광을 누리기 위해서는 바로 이곳에서 하느님의 뜻을 실천해야 한다는 가르침입니다.

👥 사말 교리를 이제 제대로 알 것 같아요. 또 미래를 걱정하기보다 지금의 삶에 충실해야겠다는 생각이 듭니다.

종말은 창조의 완성

🧑‍🏫 그렇다면 세상의 마지막에 대해 더 이야기하기 위해 그 시작도 한번 생각해 볼까요? 이 세상은 어떻게 시작되었을까요?

👥 당연히 하느님께서 창조하셨지요! 그리고 '무無로부터의 창조'라고 배웠습니다.

🧑‍🏫 훌륭합니다! 하느님께서 온 세상을 '무無'에서 창조하셨음을 우리는 익히 알고 있지요. 이 말에는 하느님의 유일성과 절대성을 강조하는 동시에, 하느님은 당신이 창조하신 모든 피조물을 구원으로 이끄신다는 뜻까지 담겨 있습니다. 하느님께서 '생겨라' 하시니 생겼고, 창조된 것을 보시고 그분은 '좋다' 하셨지요. 이 말씀을 통해 하느님께서 당신이 창조하신 만물을 얼마나 사랑하셨는지 가늠해 볼 수 있습니다. 그분께서는 당신의 사랑과 선하심을 모든 피조물에게 나누어 주셨어요.

👥 창조와 종말은 어떤 관계가 있을까요? 시작과 끝이

아닌가요?

창조가 종말과 직접적인 연관이 없다고 생각할 수 있습니다. 종말을 향해 간다는 것은 창조의 완성을 향해 나아간다는 의미이기도 합니다. 곧, 창조는 하느님께서 6일 동안 세상을 만드시고 마지막 날에 쉼으로 종결된 사건이 아닙니다. 지금 우리가 살아가는 시간과 역사가 창조의 완성을 이루어 나가는 길입니다.

다시 말해, 지금 이 순간에도 하느님의 창조 사업이 계속되고 있다는 뜻입니다. 하느님의 창조 사업과 창조 질서에 어긋나는 인간의 탐욕스러운 지배를 막고 생태계를 보존하려는 노력도 창조의 과정이자 또 그 완성인 종말을 향한 과정입니다. 그런 하느님의 창조 과정이 끝나는 때가 있겠지요?

종말은 하느님 창조의 목적이자 완성이라고 할 수 있습니다. 마지막 때가 오면 하느님께서 계획하신 목적이 이루어지고, 창조가 완성됩니다. 우리는 이를 '구원'이라고 말합니다.

그러면 종말이 곧 구원이라는 말이군요?

네, 종말은 파멸이 아니라 구원이기 때문에 희망이라고 말할 수 있습니다. 구원은 구출되거나 해방되는 것을 의미합니다. 특히 우리 신앙 안에서 구원은 하느님께 완전히 구출되는 사건, 곧 부활과 영원한 생명을 뜻하기에 우리에게 희망이 됩니다.

🧑‍🤝‍🧑 이렇게 감사하고 귀중한 구원의 약속인 종말이 왜 불편한 말이 되어 버렸을까요?

👤 이제부터 천년왕국설을 살펴보며 그 대답에 대한 실마리를 찾고자 합니다. 천년왕국설은 처음에는 희망을 선포하다가 결국 사람들을 선동한 대표적인 종말론이라고 할 수 있습니다.

인류 구원의 역사

👤 여러분, 학창 시절에 역사 과목을 배우셨지요? 우리가 일반적으로 생각하는 역사는 인류가 변화해 온 과정 또는 그 기록입니다. 하지만 여기서 역사는 단순한 기록이 아니라 그 기록을 가능하게 하는 사건, 곧 '어떠한 사물이나 사실이 존재해 온 연혁 혹은 변화된 자취'라는 점도 생각해 보면 좋겠습니다. 다시 말해 역사에는 증거로 찾아낼 수 있는 영역이 있지만, 그것만으로 설명할 수 없는 사실과 그 사실이 이어져 온 과정과 자취라는 영역도 있습니다. 여기서 우리가 주목해야 할 점은 바로 하느님의 역사입니다.

👥 '하느님의 역사하심'이라는 말을 들어본 것 같은데요.

👤 그 표현은 가톨릭보다 개신교에서 자주 하지요. 그럴 때 '역사役事'는 '하느님이 일하시다'는 뜻으로, 앞서 이야기한 '역사歷史'와 다릅니다. 즉, 하느님께서 우리와 함께 하시며 세상을 창조하시고 주관하신다는 뜻입니다. 하느님의 역사役事가 '구원의 역사歷史', 곧 구세사救世史를 이룹니다.

👥 '구세사'라는 용어도 들어 보았어요.

👤 하느님께서 인간을 구원하시기 위해 함께하신 모든 역사가 구세사입니다. 그래서 구약도 구원의 역사이고, 지금도 우리는 구원 역사의 시기를 살고 있는 것이지요. 여기서 '시기'를 주의 깊게 이해해야 합니다.

인류 구원의 때

👤 시간은 흔히 말하는 흘러가는 시간과 우리가 경험하는 시간으로 구분되는데, 이를 각각 크로노스*chronos*와 카이로스*kairos*라고 합니다.

👥 그리스 신화의 등장인물들이지요?

👤 그렇습니다. 시간의 신神인 크로노스는 절대적 시간,

곧 흘러가는 시간을 상징합니다. 이는 몇 년, 몇 월, 며칠, 몇 시, 몇 분으로 표시할 수 있습니다. 하지만 우리는 시간에 대해 또 다른 개념을 갖기도 하지요. 한때 유행했던 '라떼(나 때)는 말이야'라는 말처럼 '내가 어릴 적에는', '내가 학교 다닐 때는', '내가 젊었을 때는' 등으로 지나온 경험을 시간으로 표현하기도 합니다.

'하느님의 따뜻한 위로를 느꼈을 때 하느님을 깊이 체험할 수 있었어' 같은 고백도 하느님과의 만남이 이루어진 상대적인 시간입니다. 우리는 이 개념을 신화에 나오는 기회의 신 이름을 빌려 카이로스라고 부릅니다. 이러한 시간 개념은 바로 구원의 때, 곧 하느님께서 세상을 구원하시고자 함께하시는 연혁과 자취로 설명할 수 있습니다. 이를 구원의 역사, 곧 구세사라고 합니다. 그리고 하느님의 구세사에는 중심인물이 있습니다.

중심인물이요? 성경 속 많은 인물이 스쳐 가는데⋯ 누구보다도 예수님 아니실까요?

맞습니다. 바로 복음서의 주인공인 예수 그리스도께서 구세사의 중심입니다. 예수 그리스도께서 우리에게 구원을 밝히 드러내 보이셨고, 우리는 그분을 통해서 구원을 깨닫고, 체험하며, 맞이할 기회를 얻었기 때문입니다. 구약의 이스라엘 백성은 예언자들을 통해서 하느님의 뜻을 전해 들었고, 하느님의 존재를 알 수 있는 현상들과 그에 대한 해석으로만 하느님을 체험할 수 있었습니다. 하지만 나약한 인간은 하느님이 눈에 보이지 않는다는 이유로 자꾸만 하느님을 잊는 죄를 범하기도 했지요.

하느님께서는 그런 인간을 보고 참으로 마음 아파하셨을 것입니다. 하지만 그분께서는 인간을 너무나 사랑하신 나머지, 당신을 찾아 헤매지 않도록 인간이 알 수 있는 모습으로 당신 자신을 나타내 보이셨습니다. 그분이 바로 예수님입니다. 그분께서는 죽음을 이기시고 우리에게 부활과 영원한 생명을 보여 주셨습니다.

그래서 하느님의 구원 역사가 인간의 역사 안으로 들어왔다고 고백하는 것이지요?

정확해요. 단, 하느님의 역사를 지상 세계의 개념과 혼동하면 안 됩니다. 하느님께서 인간의 역사로 들어오셨다고 해서 하느님을 물질세계 차원에서 이해하거나 인간적인 차원으로 축소하는 오류를 범해서는 안 됩니다. 그러나 실제로 종말을 두고 그런 일이 종종 일어났습니다. 지금 우리가 살아가는 세계의 모습 그대로 종말이 이루어지리라고 주장했습니다. 예를 들면 종말이 다가오면 구원받지 못할 사람들의 세계는 모두 불타 버리고 구원받은 사람들이 모인 공간만 남는데, 그렇게 선택된 사람들만 마을이나 건물 같은 물리적 공간에서 영원히 죽지 않고 풍요와 행복을 누리며 산다는 것이지요. 아마도 그들은 하느님 나라를 대저택에서 배부르고 걱정 없이 사는 모습으로 그리는 듯합니다.

이처럼 구원의 완성인 종말이 이 땅의 물질을 그대로 보존하면서 완성되리라는 생각은 문제점을 드러냅니다. 앞서 말한대로, 하느님의 역사하심을 인간적 차원으로 한정해 버리는 오류가 발생했지요. 이들은 자신들이 살고 있는 지상에 왕이 도래하여 왕국을 세우고 천 년 동안 다스린다는 이론을 만들었습니다. 왕과 그를 따르는 이들만이 궁궐 안에서 천 년 동안 천국을 누리고, 궁궐 밖은 모두 불구덩이가 되리라는 상상에 기반한 주장입니다.

그 내용에는 문제가 있지만, 천국을 상상하고 그곳에 들고 싶은 마음은 우리와 비슷한 것 같아요.

그래서인지 실제로 천년왕국설에 대한 믿음이 초세기에는 종말신앙으로 고조되기도 했습니다. 그날과 그 장소를 기다리는 그리스도교의 참된 믿음처럼 전해지기도 했지요. 하지만 오류들이 드러나고, 교회는 이 이론에 대한 올바른 판단을 고민하기 시작했습니다.

3. 천년왕국설과 종말

종말신앙의 뿌리

먼저 초세기 그리스도인의 모습과 생각을 따라가 봅시다. 초세기 그리스도인은 우선 예수님의 공생활을 함께하고 그분의 죽음을 목격한 제자들, 부활하신 예수님을 만났으며 그분의 승천을 지켜본 사도들입니다. 그리고 예수님의 파스카 사건을 목격한 이 증인들의 생생한 증언을 전해 듣고 예수님을 주님으로 믿고 따른 이들입니다.

파스카는 '지나가다', '건너가다'를 뜻하는데, 하느님께서 이스라엘 백성을 구원하시기 위해 어린양의 피를 발라 놓은 집에는 재앙을 내리지 않고 지나가신 사건을 가리킵니다. 예수 그리스도께서는 십자가에 못 박혀 돌아가셨지만 죽음을 이기고 부활하심으로써 영원한 생명으로 건너가는 파스카 사건을 이루십니다. 초세기 그리스도인은 바로 이 파스카를 두 눈으로 보고 체험한 것이지요. 나아가 하느님이신 예수님께서는 우리와 똑같은 인간으로 사셨지만, 인간의 한계를 넘어 '영원'에 계심을 우리에게 드러내 보이신 사건이 성령강림입니다. 이로써 파스카가 완성되었지요.

👥 점점 내용이 깊어지는 것 같아요. 그런데 부활, 승천, 성령강림은 전례에서 기념하는 대축일들이잖아요?

🧑‍🦰 이 대축일들은 우리 신앙의 핵심인 '부활 신앙'을 잘 드러내고 있습니다. 예수님의 부활이 구원 역사의 가장 큰 사건이지요. 그래서 우리는 부활 대축일을 그렇게도 성대하게 거행하는 것이고요. 그리고 부활 대축일 이후 성령강림 대축일까지의 기간을 기쁨 속에 부활 축제로 지내는 것도 같은 의미입니다. 예수님께서 하늘로 오르신 후, 곁에 있었던 사람들은 온 세상에 부활의 기쁨을 선포하러 나섰습니다. 이는 예수님께서 그들에게 맡기신 사명이기도 했지만, 그들은 두 눈으로 목격한 이 엄청난 사건을 전하지 않을 수 없었습니다. 그들은 하느님의 구원을 보았고, 영원한 생명을 경험했습니다.

그들에게서 자라난 종말신앙은 파스카 사건을 체험하면서 정점에 이르렀습니다. 사실 그것은 이미 예수님께서 당신의 공생활 동안 제자들에게 끊임없이 알려 주신 종말신앙이기도 했습니다. "하느님의 나라가 가까이 왔다"(마르 1,15) 하신 선포에 그 핵심이 있습니다.

예수님께서 선포하신 하느님 나라는 어떤 의미일까요? 예수님께서는 마음이 가난한 사람, 슬퍼하는 사람,

의로움에 주리고 목마른 사람이 행복하다고 하셨습니다(마태 5,3-10 참조). 행복은 하느님 나라에서 얻을 것을 지상에서 미리 맛보는 것이지요. 하느님이신 예수님께서는 가난한 사람을 부유하게 하시고, 배고픈 사람을 배부르게 하시며, 억눌린 사람을 해방시키시고, 우는 사람을 위로하시며, 박해받는 이들에게 구원을 선포하셨습니다. 그래서 예수님을 본 이들은 하느님 나라를 경험할 수 있었고, 이를 통해 하느님 나라가 가까이 왔고, 나아가 자신들은 하느님 나라에 살고 있다고 믿을 수 있게 되었습니다.

하지만 예수님께서 이 지상에서 모든 것을 완성하신 것은 아닙니다. 그 완성을 세상 마지막 날로 유보하시고, 지상에서 살아가는 우리에게 시간을 선물로 주셨지요. 또한 그 시간에 우리를 홀로 내버려 두지 않으시고 아버지께서 보내신 성령을 통해서 함께하심으로써, 죽음을 넘어 부활로 우리를 이끌 준비를 하고 계십니다. 예수님께서 지금도 함께하시지만 우리 모두가 죽음을 넘어 부활에 참여하게 되는 날에는 완전한 하느님 나라를 맞이할 것입니다. 그래서 우리는 이것을 '이미' 하느님 나라가 왔지만 '아직' 완성되지 않았다고 말합니다.

그럼 하느님 나라는 언제 완성될까요?

'언제'라는 질문은 항상 우리에게 찾아오기 마련인가

봅니다. 그런데 우리는 이미 잘 알고 있습니다. 하느님께는 시작도 없고 마침도 없으며, 그분은 시간 안에 존재하시지 않는다는 것을요. 그리고 예수님께서 "그날과 그 시간은 아무도 모른다"(마태 24,36)라고 말씀하셨잖아요? 사실 우리에게 중요한 것은 그날이 언제인지가 아니라, 그날이 우리에게 다가오리라는 '확신'입니다. 그래서 우리는 '구원을 이미 받았다'라고 말하지 않고 '구원의 확신을 지니고 있다', '구원의 보증을 받았다'라고 말합니다. 여기서 "믿음은 우리가 바라는 것들의 보증이며 보이지 않는 실체들의 확증입니다"(히브 11,1)라는 히브리서의 말씀을 기억하면 좋겠습니다.

초세기 그리스도인들의 종말신앙

초세기 그리스도인들은 아마도 우리보다 훨씬 벅찬 기다림 속에 살았을 것입니다. 그들 중에는 예수님의 구원 업적을 눈으로 목격하거나 귀로 전해 들은 이들이 있었기 때문에 예수님께서 자신을 구원해 줄 '메시아'라는 확신을 가지고 있었습니다.

그런 그들에게 예수님께서는 죽음을 넘어서도 영원히

함께하신다고, 다시 오신다고 약속하셨습니다(요한 14,18 참조). 사도들의 공동체는 이 약속이 이루어질 날이 머지 않았다고 기대합니다.

그들의 기대는 힘들고 어려운 상황을 맞이하면서 더욱 고조되고 급박해집니다. 우리가 익히 알고 있듯이 초세기 그리스도교 공동체는 모진 박해 속에 유지되었지요. 수난의 길을 걷는 예수님을 피해 달아났던 제자들, 그리고 바오로가 편지를 보낸 공동체들의 상황을 보면 예수님을 따랐던 이들이 어떤 어려움과 위험에 처해 있었는지 알 수 있습니다.

그들이 박해를 받으면서도 예수님을 믿고 전하는 데 열정을 다했던 이유는 예수님의 부활을 통해 확신을 얻었기 때문이겠지요?

맞습니다. 그들은 예수님께서 십자가 위에서 무력하게 돌아가셨다며 절망했지만, 그분께서 죽음을 이기고 참으로 되살아나셨다는 사실을 보고 듣고 믿었습니다. 그리고 자신이 체험하고 믿은 것을 선포했습니다. 그렇게 모인 공동체 안에 성령께서 함께하셨지요.

우리는 미사 때 주님의 기도를 바친 후 "복된 희망을 품고 구세주 예수 그리스도의 재림을 기다리게 하소서"라고 기도합니다. 이 기도가 초세기 그리스도인들에게는 더욱 간절했어요. 그들이 바랐던 것은 단순히 박해를 견디고 승리하는 것만이 아니었습니다. 인간의 어려움, 고통, 한계, 그리고 죽음까지도 이겨 내신 분이 다시 오시어 승리를 가져다주시리라는 믿음이었지요. 예수님의 다시 오심에 대한 그들의 기다림을 한마디로 표현하면 '임박함'이었습니다.

초세기 그리스도인들에게는 예수님의 다시 오심이 하느님 나라의 완성인 셈이군요.

네, 그리고 그 완성에 대한 기다림이 초세기 그리스도인들의 종말신앙이었습니다. 그들의 종말신앙은 다양한 형태로 나타났는데, 예수님께서 다시 오셔서 이루실 왕국이 우리가 살아가는 지상에 펼쳐지리라는 기대가 바로 천년왕국설입니다.

'지상'이라는 공간과 '천 년'이라는 시간이 정해져 있군요?

핵심을 잘 파악했습니다. 마치 아이가 몇 밤을 자면 소풍날이 오는지 기대하는 것처럼 초세기 그리스도인들은 하느님 나라의 도래를 손꼽아 기다리며 1,000이라는 숫자를 통해 그 임박함을 고조시켰고, 그 나라가 지상의 어딘가에 있을 것이라 믿었습니다. 이러한 기대는 그리스도의 다시 오심에 대한 들뜬 분위기를 조성하는 동시에 혼란을 일으켰습니다. 시간이 흐르며 그 모습은 변했지만, 지금도 여전히 이러한 주장을 하는 이들이 주변에 있습니다.

👥 초세기부터 있었다니, 천년왕국설의 역사가 꽤 긴 것 같습니다.

🧑‍🏫 그럼 이제부터 그 역사를 본격적으로 알아볼까요?

2장

초대 교회의 천년왕국설

아무리 좋은 말도 속뜻을 이해하지
못하면 그 의미가 바래겠지요?

그래서 참된 진리를 찾는 과정에는
단순한 열망을 넘어서 깊이 있는
해석과 식별이 필요합니다.

천년왕국설은 초세기 교회의 종말 신앙에서 생겨난 이론 중 하나입니다. 사실 그 시작은 불순한 의도가 아니었습니다. 하느님 나라의 완성과 '곧 오실' 그리스도를 맞이하려는 간절한 갈망에서 비롯되었습니다.

초세기 그리스도인들은 그 내용이 자신들이 믿고 사랑하는 예수 그리스도의 다시 오심을 기다리는 열망에 부합하고, 유익한지 따져 보아야 했습니다. 당시에는 좋은 의도를 지녔을지라도 자세히 들여다보면 교리로 받아들일 수 없는 위험한 오류들이 적지 않았습니다. 예수님의 가르침을 그릇되게 해석한 주장도 있었기 때문에 참된 믿음을 가려내기 위해 식별이 필요했습니다.

초세기 신자들에게 신앙의 열망을 불러일으키고, 하느님 나라를 향한 희망을 주는 것 같았던 천년왕국설은 초대 교회의 식별 과정을 거칩니다. 그리고 그 과정에서 참된 진리가 아니라는 것이 입증됩니다.

이제 본격적으로 초대 교회의 천년왕국설을 살펴봅시다. 내용은 무엇인지, 그것이 어떻게 해석되어야 올바른지, 초대 교회의 노력을 통해 들여다보도록 하겠습니다.

1. 천년왕국설의 기원

예수님을 기다리던 사람들

초세기 그리스도교에서 부활과 연관된 중요한 물음 가운데 하나는 그리스도의 다시 오심과 그분이 세우실 나라의 도래였습니다. 특히 그리스도의 다시 오심과 최후 심판을 통한 완성이 지상에서 이루어지리라고 생각한 이들이 등장하여 천년왕국설을 주장하기 시작합니다. 그들은 그 지상 왕국이 온갖 풍요과 충만함 속에서 최후의 심판 전까지 천 년간 지속되리라고 생각했습니다.

재림의 시기를 계산한 사람들

🧔 그들은 예수님의 다시 오심을 기다리면서 그 사건이 언제, 어떻게 이루어질지를 무척 궁금해했습니다. 그래서 성경을 보면서 예수님이 공생활 동안 하신 말씀과 그것을 전한 이들의 기록들을 탐구하기 시작했습니다. 천상왕국이 지상에 언제 도래할지, 얼마나 지속될지를 계산하며 기대를 높여 갔던 그들의 모습은 여러 형태로 나타납니다.

👥 그 사람들은 성경의 어느 곳에서 근거를 찾은 걸까요?

🧔 성경에는 의미심장한 표현이 가득합니다. 특히 숫자는 궁금증을 일으키면서 때로는 확신을 주기도 하지요. 그들은 메시아 왕국이 지상에 도래하는 날을 계산할 수 있다고 믿었고, 그 과정에서 시편 90편의 내용을 접목하기도 했습니다. 혹시 〈천 년도 당신 눈에는〉이라는 성가를 기억하시나요?

👥 기억나요. 이 성가가 시편 90편의 말씀이었군요.

🧔 네, 그렇습니다. 천년왕국설을 주장하는 사람들은 시편 90편을 통해서 자신들이 기다리는 날을 계산할 수 있다고 생각했어요. 예를 들면 '천 년은 하루다. 그리고 창조가 7일간 이루어졌기 때문에 창조가 완성될 날은 7일에 천 년을 곱한 날, 곧 7000년에 이루어질 것'이라고요.

'지금이 1890년이니 아직 5,110년 남았다'라고 계산했어요. 이러한 생각이 어리석어 보일 수 있지만, 실제로 그런 믿음을 가진 사람들이 있었고 지금도 여전히 그런 주장을 하는 사람들이 있습니다.

천년왕국설이 확산되면서 점차 그 계산법이 정교해지는데, 시편 90편에 요한묵시록 20장과 21장의 내용을 더해서 더 구체적인 천년왕국설이 펼쳐집니다. 요한묵시록의 '천 년 통치'라는 부분을 접목한 것이지요. 사실 요한묵시록을 시편에 연결지을 수도 있고, 시편을 토대로 요한묵시록을 해석할 수도 있었습니다. 결국 성경의 두 부분을 근거로 천년왕국론자들은 자신들의 주장을 뒷받침할 성경 본문을 제시하게 됩니다.

요한묵시록에는 의인들의 부활인 첫째 부활, 그들에게 도래한 그리스도의 왕국을 그리스도께서 천 년 동안 다스리시리라는 천 년 통치, 천국과 같은 새 하늘과 새 땅, 그리고 성벽, 벽옥, 열두 초석 등을 갖춘 모습으로 지상에 세워질 새 예루살렘에 대한 묘사가 등장합니다.

그렇다면 천년왕국설은 성경에 근거한 학설이 되는 것 아닌가요?

그런 논쟁이 자주 벌어지기도 합니다만, 중요한 것은 성경을 어떻게 해석하느냐입니다. 요한묵시록에 '천년왕국'이 쓰여 있다고 해서, 그것을 글자 그대로 해석하여 믿는 것은 적절하지 않습니다. 요한묵시록에 나오는 다른 다양한 묘사와 의미심장한 표현들도 마찬가지입니다.

🧑‍🤝‍🧑 세상 종말을 다루는 소설이나 영화에도 요한묵시록이 많이 등장하잖아요. 설명하기 어려운 이상한 느낌이 들면서도 한편으로는 그럴듯해 보이기도 했어요.

🧑 실제로 종말을 알고 싶어 하는 사람들이 가장 자주 인용하는 성경이 요한묵시록입니다. 물론 그리스도교 종말신앙에서도 요한묵시록은 중요한 책이지요. 그래서 요한묵시록을 올바르게 이해하는 것이 무엇보다 중요합니다. 그러면 먼저 '묵시'가 어떤 의미를 갖고 있는지부터 살펴볼까요?

2. 유다이즘의 묵시 사상

🧑 문학을 좋아하시나요? 시나 소설 중 어떤 장르를 선호하나요? 성경에도 문학 양식이 있습니다. 예를 들어 성경의 대표적인 시 문학은 시편과 아가를 꼽을 수 있습니다. 구약성경의 지혜문학에는 욥기, 잠언, 코헬렛, 지혜서, 집회

서가 있습니다. 또 신약성경에는 사도들이 편지 형식으로 저술한 글이 또 하나의 문학 양식을 이루고 있지요.

우리가 살펴보려는 요한묵시록은 묵시문학으로 분류됩니다. 묵시문학은 삶이 위협받는 위기 상황에서 생겨난 문학 양식입니다. 유다교의 묵시문학이 그리스도교의 묵시문학과 천년왕국설에 영향을 주었습니다.

유다교와 유다이즘

이스라엘 백성의 이집트 탈출 사건은 잘 아시지요? 이스라엘 백성은 이집트 종살이에서 해방되면서 하느님을 깊이 체험합니다. 그때부터 야훼 하느님에 대한 신앙이 본격적으로 커지기 시작하지요. 하느님께서는 아브라함, 이사악, 야곱, 요셉으로 이어지는 구약의 성조들뿐만 아니라, 모세에게도 직접 당신 자신을 알려 주셨습니다. 이스라엘 백성은 이러한 하느님 체험을 통해 '우리를 구원하신 야훼 하느님만이 유일한 하느님이시다'라는 유일신 신앙을 고백하게 됩니다. 이들은 하느님께서 자신들과 함께하시며 구원 역사를 이끌어 주시는 분임을 확신하게 되지요.

종살이에서 해방되어 약속의 땅에 입성한 체험이 구

원의 확신을 가져다주는 커다란 사건이었겠군요.

🧑 이스라엘 백성은 '희망'을 몸소 겪었고, 그 희망은 신앙이 되었습니다. 젖과 꿀이 흐르는 가나안 땅이 그들에게는 하느님께서 주신 약속의 땅이라는 특별한 의미를 지니게 되었고요. 그렇게 유다교는 유다 민족의 종교가 되었습니다. 유다교의 사고 체계를 유다이즘이라고 합니다.

유다인은 이집트 탈출을 기억하며 하느님께 감사의 제사를 바치고, 그분께 받은 율법인 토라를 공부하면서 희망을 키우기 위한 노력을 이어 갔습니다. 하지만 하느님에 대한 믿음과 희망의 충실함은 지속되지 못했습니다. 유혹과 시련을 마주하면서 그들의 열심은 어느새 식어 버렸고, 주변 나라들의 괴롭힘으로 그들의 삶이 어려움에 처하면서 희망을 의심하기 시작합니다. 이 과정이 구약의 역사입니다. 고통과 해방, 희망과 불안, 그리고 절망과 기대가 반복된 역사이지요. 곧이어 살펴보려는 묵시문학의 주요한 소재이기도 합니다.

유다교의 묵시문학

🧑 이집트 탈출과 더불어, 유다교의 묵시문학이 발달하

는 데 중요한 계기가 된 사건이 또 하나 있습니다. 바빌론 유배입니다. 이스라엘 민족의 역사를 송두리째 앗아 간 이 사건을 통해 이스라엘인들은 많은 성찰을 하게 됩니다. 우리 민족에게 왜 이런 시련이 닥쳤는가? 우리가 무엇을 잘못했고 우리에게 무엇이 부족했기에 다른 민족에게 무참히 짓밟히는가? 그들은 처절하게 고통의 의미를 성찰하며 그것으로부터 벗어나기를 바랐습니다.

그 가운데 주목할 만한 사건이 있습니다. 그들에게는 전부와도 같은 하느님의 성전을 빼앗긴 일이지요. 유다인들은 이 사건을 통해서 오히려 자신들의 의지를 더욱 굳건히 다지게 됩니다. 유다인들이 가진 믿음의 전부인 율법, 곧 토라*Torah*를 더욱 충실히 지켜야겠다는 다짐이지요. 율법을 충실히 지키면 하느님께서 이 고통에서 자신들을 구해 주시리라 믿었기 때문에 하느님의 집인 성전과 회당은 더욱 중요해졌습니다. 하느님에 대한 충실함이 곧 미래에 대한 희망이 되어 자라난 셈이지요.

시련을 겪으며 구원자에 대한 유다인들의 기대는 점점 높아졌습니다. 메시아께서 자신들을 고통에서 빼내 주시고, 자신들을 괴롭히는 이들을 처단해 주실 날만을 기다렸지요. 그들은 율법을 충실하게 지키는 것이 메시아의 오심을 앞당기는 방법이라 생각했고, 그 일에 지치지 않도록 다가올 날들을 상상하는 것 또한 멈추지 않았습니다. 이처럼 고대하고 있는 행복한 날들을 이미지나 글로 표현함으로써 탄생한 문학 양식이 바로 유다교 묵시문학입니다.

그래서 묵시문학에서 다가올 날들에 대한 기대가 종말이라는 주제로 펼쳐진 것이군요?

네, 맞습니다. 유다인들이 묵시문학을 통해서 표현하고자 했던 생각은 하느님 나라는 분명히 그리고 머지않아 도래할 것이고 하느님을 열심히 믿고 따른 자신들은 그 나라에 참여할 수 있으리라는 것이었습니다.

유다교의 묵시 사상

유다인들의 종말 사상은 그들의 믿음에서 큰 비중을 차지하게 됩니다. 그들은 다가올 세상을 그리면서 이미지, 암시, 환상으로 그것을 표현하고 또 예언했습니다.

우리가 일반적으로 알고 있는 파멸이나 묵시 같은 종말의 이미지를 여기에서 발견할 수 있습니다. 그들은 메시아를 기다리면서 종말의 모습을 우주의 혼돈으로 표현하기도 하고, 기근이나 지진, 대화재, 혹은 설명할 수 없는 하늘과 땅의 징조로 그려 냈습니다.

👥 그렇게 상상 속 이미지로 애매하게 표현했는데 왜 사람들이 이상하게 생각하거나 의심하지 않았을까요?

🧑‍🏫 유다고 묵시문학 작가는 보통 유명한 인물을 필명으로 내세웠습니다. 마치 유명한 예언자가 다가올 종말의 징조를 비밀리에 밝혀 주겠다는 식으로 글을 쓴 것이지요. 그래서 사람들은 그것을 궁금해하고 들어 보려고 모이게 되었고요.

👥 특별하고 권위 있는 사람이 쓴 글이라니까 사람들이 관심을 갖고, 거기서 답을 얻으려 했을 것 같아요.

🧑‍🏫 불안한 현재를 벗어날 날을 고대하던 그들에게 묵시문학은 희망을 불러일으키는 도구가 되었습니다. 주변 나라들에 시달리는 힘없는 처지에서 벗어나, 자신들의 나라가 하느님 나라가 되어 지상에서 승리하리라는 기대가 묵시문학 안에서 곧 이루어지리라는 임박함으로 표현되었습니다. 그날이 도래하면 하느님께서 세상을 심판하시어 죄지은 이들을 벌주고, 하느님을 충실하게 따른 이들은 구원하시리라는 기대감에 부풉니다.

　묵시문학 저자들은 다가올 날이 지금과는 같지 않다고 주장합니다. 또한 하느님을 믿는 자신들이 박해를 받고 있지만 선이 악을 이기고 정의가 승리할 것이라는 열망을 북돋습니다. 그날이 오면 세상에는 초자연적 현상이 일어나는데, 그것이 곧 자신들이 승리를 거두는 구원의 때, 곧 종말의 시작을 알리는 징조라고 말합니다.

이제 유다교 묵시문학에 이어서 그리스도교 묵시문학인 요한묵시록이 전해 주는 종말신앙을 살펴보고, 그것을 잘못 해석하면서 발생한 천년왕국설 이야기를 구체적으로 시작해 봅시다.

3. 요한묵시록의 천년왕국설

종말을 '끝', '두려움'으로 주장하는 사람들이 자주 인용하는 성경이 바로 요한묵시록입니다. "하느님께서 머지않아 반드시 일어날 일들을 당신 종들에게 보여 주시려고 그리스도께 알리셨고, 그리스도께서 당신 천사를 보내시어 당신 종 요한에게 알려 주신 계시"(묵시 1,1)라고 시작하며 펼쳐지는 내용은 마치 다가올 날들에 대한 예언으로 받아들여지기도 합니다. 또 상징적이고 신비적인 문체에 담긴 뜻을 헤아리고자 시도하면서, 다가올 날들을 자신들만의 상상으로 그려 내는 데 요한묵시록을 이용하기도 합니다. 하지만 요한묵시록을 인류 멸망을 다룬 아포칼립스 영화처럼 받아들인다면 성경 말씀이 전쟁과 환란의 두려움을 일으킬 수 있기에 주의를 기울일 필요가 있습니다.

실제로 우리 주변에는 요한묵시록을 근거로 삼아 종말에 관해 잘못된 이론을 주장하는 사람들이 많습니다. 헛되이 상상한 종말을 요한묵시록 본문에 짜맞추기도 하는데, 천년왕국설도 그중 하나입니다.

박해 시대의 요한묵시록

요한묵시록 20장에는 '천 년 통치'라는 내용이 있습니다. 세상의 마지막 심판이 있기 전, 악마는 지하에 갇히고 순교자의 영혼은 되살아나서 그리스도와 함께 다스리는 천 년 통치가 이루어진다는 내용입니다.

그럼 천년왕국설이 성경에 기록된 하느님 말씀이라는 건가요?

그런 뜻이 아닙니다. 천년왕국설이 요한묵시록의 주장이 아니라는 사실을 이해하기 위해서는 먼저 요한묵시록의 저술 시점을 볼 필요가 있습니다. 저술 배경은 앞에서 살펴본 유다교 묵시문학과 연결됩니다. 제목도 '묵시문학'

과 '묵시록'으로 서로 비슷하지요? 요한묵시록은 1세기 말경에 쓰인 것으로 알려져 있습니다.

🧑‍🤝‍🧑 예수님께서 승천하신 이후인가요?

👤 그렇지요. 한번 상상해 봅시다. 예수님께서 승천하신 후 그분의 다시 오심을 기다리던 이들의 상황은 어땠을까요?

🧑‍🤝‍🧑 예수님께서 돌아가실 때에도 제자들이 두려워 숨어 있었던 것을 생각하면, 예수님께서 승천하신 후에도 상황이 크게 나아지지는 않았을 것 같아요.

👤 맞습니다. 그들은 박해를 받았습니다. 한국 천주교회가 모진 박해 속에서도 신앙을 간직한 선조들의 노력으로 지켜졌다는 사실을 우리는 잘 알고 있습니다. 이러한 박해는 사실 아주 오래전부터 존재했습니다. 사실 예수님도 박해로 돌아가셨다고 볼 수 있습니다. 그 후 제자들과 그들의 선포를 듣고 예수 그리스도를 믿고 따르는 이들도 붙잡혀 감옥에 갇히고 매를 맞았으며 목숨을 잃었습니다. 이렇게 초세기 그리스도교 공동체는 로마 제국의 커다란 박해 속에서 자라났습니다.

하지만 그들은 박해에도 굴하지 않고 신앙을 지키기 위해 부단히 노력했습니다. 어렵고 힘든 상황 속에서 사람들은 그 시간의 의미를 찾으며 고통을 견디고, 서로를 위로하며 힘과 열정을 북돋았던 것이지요. 그렇게 할 수 있었던 이유는 그들이 품은 희망 때문이었습니다. 곧 하느님께서 박해자들을 정의로 심판하시어 그리스도교 공동체의 믿음이 승리하리라는 기대였습니다.

🧑‍🤝‍🧑 요한묵시록의 일곱 편지에는 그러한 바람이 담겨 있었군요.

👤 요한묵시록의 저술 배경을 바탕으로 성경을 읽으면 그 시대 사람들이 그리스도의 다시 오심을 얼마나 기다렸는지, 그들의 신앙이 얼마나 간절하고 긴박했는지를 느낄 수 있습니다.

요한묵시록이 말하는 희망

👤 요한묵시록은 천년왕국설을 상상해서 묘사한 책이 아니라, 그리스도인들에게 희망을 전하는 성경입니다. 그리스도를 믿는 이들을 박해하는 로마 제국이 몰락하고 그 자리에 하느님 나라인 거룩한 도성 새 예루살렘이 세워지리라는 희망이 담겨 있습니다. 그리고 흔히 천년왕국론자들이 근거로 제시하는 요한묵시록 20장의 천 년 통치는 이스라엘을 박해하던 원수들이 사라지고, 그리스도를 믿

는 이들이 완전한 평화 속에 다스리는 나라가 도래하리라는 희망으로 이해할 수 있습니다. 곧 그리스도의 다시 오심에 대한 희망을 북돋는 내용입니다.

그래서 요한묵시록 저자는 그리스도인들에게 이미 전해진 구원 약속의 성취, 곧 그리스도를 믿으며 신앙을 지키는 이들이 얻을 영원한 생명에 대한 믿음과 희망을 전하고자 했습니다. 그 믿음과 희망으로 초기 그리스도교 공동체는 어려운 시기를 이겨 나갈 수 있었지요. 저자는 다가올 그리스도의 재림과 구원의 희망을 더 긴박하고 절실하게 전하기 위해 묵시문학적 세계관을 빌렸습니다. 한국이 정치적으로 어려움을 겪던 시기에 민중문학과 민중가요가 시민들의 민주 의식을 고취하고 민주화 운동의 확산에 기여한 것과 같은 맥락에서 생각해 볼 수 있습니다.

요한묵시록은 사람이 되어 오신 하느님, 예수 그리스도가 이루신 구원 사건이 헛되지 않다는 점을 알려 줍니다. 그 시점은 알 수 없지만 결국 그리스도께서 마지막 날에 다시 오실 것이기 때문입니다. 그 희망은 믿는 이들이 겪고 있는 어려움을 견디며 신앙을 지키는 의미를 찾게 해 줍니다.

👥 종말은 희망이라는 뜻이 요한묵시록에도 담겨 있군요.

그래서 요한묵시록을 미래를 예언하거나 천년왕국을 제시하는 책으로 이해하면 안 된다고 하셨군요.

요한묵시록이 천년왕국설을 설명하지 않는다는 점은 어느 정도 이해할 수 있겠지요? 하지만 안타깝게도 이를 이해하지 못하거나 이해하지 않으려는 사람도 있었습니다. 그런 사람들은 요한묵시록에 담긴 여러 상징과 묘사를 이용해 천년왕국설을 계속해서 주장했습니다. 그들은 요한묵시록을 예언의 책으로 믿고 있었기 때문입니다.

예언의 잘못된 해석, 천년왕국설

'예언'의 의미를 짚고 넘어가 봅시다. 예언이란 무엇일까요?

다가올 날들을 예견하는 것 아닌가요?

우리가 보통 생각하는 예언은 그 뜻이 맞지만, 그리스도교 신앙에서는 완전한 정답이라고 할 수는 없습니다. 왜냐하면 예언은 '하느님'을 떠나서 생각할 수 없기 때문입니다. 예언에는 본래 하느님의 말씀을 전하는 의미가 담겨 있습니다. 성경 속 예언자는 지구 종말이나 세상의 미래를 미리 알려 주는 사람이 아니라, 하느님의 말씀을 전하는 사람이라고 정의할 수 있습니다.

구약의 예언자들은 하느님의 부르심을 받아 하느님의 말씀을 전달하는 역할을 했습니다. 그들은 다가올 사건이나 상황만 예고하지 않았습니다. 그들은 미래를 예언할 뿐 아니라 지금 벌어지는 일이 과거 이스라엘 백성의 불충실함에서 비롯되었다는 성찰을 제공하며, 현재와 과거를 연결짓기도 했습니다. 또한 다가올 하느님의 날을 준비하기 위해 지금 필요한 하느님의 메시지를 전하기도 했지요. 이렇게 과거, 현재, 미래가 모두 예언의 내용으로 포함되었습니다. 그도 그럴 것이, 시간을 창조하신 하느님께서는 과거와 현재, 미래라는 시간 자체를 초월하시는 분이시니까요.

예언자들의 예언 가운데 심판에 대한 내용에 주목해 봅시다. 심판을 예고하는 말이 무섭게 들릴 수 있지만, 하느님의 심판은 곧 구원과도 같습니다. 하느님을 충실히 믿고 살아온 이들은 심판을 통해 상을 받을 것이기 때문입니다. 그래서 예언은 다가올 미지의 날들을 예견하며 불안함을 조장하는 것이 아니라, 하느님의 구원 말씀을 전달하는 의미를 지니고 있습니다.

👥 그런데 천년왕국설의 예언이 왜 달콤한 상상인가요? 그 내용도 천년왕국이 도래하면 하느님을 믿었던 사람들

은 살아남고, 그들을 박해했던 이들은 죽음을 맞이하리라는 예고가 아닌가요?

🏛 맞습니다. 사실 그 예언은 참된 신앙을 지키기 위한 힘이 되었지요. 하지만 그 예언을 이용해서 이득을 보려는 사람이 많아지기 시작합니다. 그들은 성경 말씀을 인용해 천년왕국설을 주장하면서 사람들을 현혹하고 구원에 대한 그릇된 기대를 갖게 해서 자신들의 이익을 취하려고 합니다. 처음의 의도가 변질된 것이지요.

초세기 교회에서 천년왕국설을 퍼뜨린 사람들의 마음에는 순수한 면이 있었던 것도 사실입니다. 초세기 교회는 요한묵시록을 비롯하여 성경을 근거로 '구원의 하느님은 언제 다시 오실 것인가'에 대한 답을 찾으려 했습니다. 그리고 그분의 다시 오심에 관한 글들이 전해지기 시작했지요. 그런 가운데, 천년왕국설이 화두가 됩니다. 이제 초세기 교회에서 천년왕국설을 받아들인 사람들이 어떻게 이해하고 있었는지 자세히 들여다보겠습니다.

3장
교부 시대의 천년왕국설

천국이 지상에서
실현된다는 것인가요?

당시 천년왕국론자들은 부활한 이후에도
천상 하느님 나라가 지상의 형태로,
이승의 삶과 똑같은 모습으로
이루어지기를 바라기도 했습니다.

'교부敎父'라고 들어 보셨나요? 글자 그대로 '교회의 아버지'를 뜻합니다. 교부들은 초세기 교회에서 활동하며 그리스도교의 기초를 다진 사람들이라고 할 수 있습니다. 교회에서 교부로 인정하는 첫째 조건은 '고대성antiquitas'입니다. 고대 교회에서 활동한 교부들은 사도들의 뒤를 이어서 예수님께서 남겨 주신 뜻을 지켜 갔고, 예수님을 기억하며 성사聖事를 거행했으며, 그리스도교 교리를 정립하는 데에 주축이 되었습니다. 그래서 우리는 그들을 교회의 아버지라고 부르지요.

아버지가 자녀에게 삶을 가르치고 자녀는 아버지의 삶을 배워 가듯, 사도들의 가르침을 충실히 따랐던 이들도 생활에서부터 사도들의 모습을 닮으려 했습니다. 그리고 그것을 사람들에게 가르치고 전했지요. 그래서 그들의 삶은 거룩하고, 다른 사람들에게 모범이 되었습니다. 교부들 대부분은 주교였습니다. 교부가 꼭 주교여야 하는 것은 아니지만 그들은 영적·지적으로 교회 생활에 영향을 미쳤기 때문에 주교로 서품되거나 후대에는 성인품에 오르기도 했습니다.

교부는 교회의 학자이기도 했습니다. 초세기 교회에는 예수님을 부정하거나 그리스도교 교리에 반대하는 다양한 사람들이 있었습니다. 그래서 그리스도인들은 그들과 논쟁하면서 신앙을 지켜 가야 했습니다. 교부들은 예수님의 가르침을 직접 받은 사도들의 설교에 따라 교회의 가르침을 전하는 정통성을 지니고서, 예수님의 가르침과 뜻을 더 열심히 탐구하고 교회를 수호했던 것이지요.

천년왕국설 문제는 초대 교회 몇몇 교부들에게서도 찾아볼 수 있습니다. 한편으로 그들은 그것이 참된 신앙의 가르침인지 연구하고 식별을 시도하기도 했습니다. 결론을 미리 말하자면, 교부들을 통해서 천년왕국설이 제대로 해석되면서 그 이론은 그리스도교의 교리일 수 없다는 것이 증명됩니다. 그럼 이제 우리 신앙이 올바로 성장할 수 있도록 교부들의 가르침을 살펴봅시다.

1. 천년왕국설의 전개

👥 교부들도 천년왕국설을 믿었나요?

🧑‍🏫 여기서 한 가지 짚고 넘어가야겠습니다. 천년왕국설은 어디까지나 '설說'이라는 사실을 기억하세요.

👥 그것이 신앙 진리는 아니라는 말씀이지요?

🧑‍🏫 그렇습니다. 천년왕국설은 하나의 견해나 학설, 어쩌면 가십이나 소문이었을 수도 있습니다. 초세기 그리스도인들에게 천년왕국설이라는 이론은, 그들이 바랐던 하느님 나라를 인간적 차원에서 그려 놓고 믿기 위한 하나의 방법이었다고 볼 수 있습니다. 그럼 초세기 그리스도인들에게 천년왕국설이 어떻게 퍼져 나갔고, 교부들은 어떻게 반응했는지 한번 살펴보겠습니다.

천년왕국설의 발생

🧑‍🏫 천년왕국설은 2세기 소아시아 지역에서 발생했습니다. 소아시아는 우리가 살고 있는 아시아 대륙의 서쪽 끝, 지금의 튀르키예 부근이었습니다. 당시 소아시아 그리스도인들

은 천년왕국설을 그야말로 '믿고' 있었습니다. 하느님 말씀인 성경이 그 이론을 뒷받침한다고 여겨 믿었고, 교회에서 그때까지 가르쳐 온 전통이라고 받아들였지요.

그런데 그들이 성경을 통해서 받아들이고 교회의 전통으로 이해한 천년왕국설은 자신들이 살아가는 이 땅, 곧 지상에서 하느님 왕국이 건설됨으로써 이루어진다는 물질적 개념으로 점점 치우치기 시작합니다. 거기에 그것이 '곧 이루어지라'는 임박함이 더해졌고요.

성경을 토대로 천년왕국의 임박함을 퍼뜨린 파피아스Papias와 케린투스Cerinthus라는 사람이 있었습니다. 히에라폴리스의 주교였던 파피아스는 그리스도의 재림이 임박했다는 글을 써서 사람들에게 전했습니다. 그리스도가 다시 오실 때에는 큰 혼란이 닥치고 모든 세계가 변화하며, 죽은 이들이 부활하여 의인들의 통치가 지상에서 이루어진다고 전하기 시작했지요. 그가 믿었던 그리스도의 다시 오심은 천상적 차원이 아니라 지상적 차원에 머물러 있었습니다.

영지주의靈知主義와 케린투스

🧙 세상은 선과 악, 영과 물질, 영혼과 육체 등으로 이분되어 있다는 생각에서, 구원은 영적인 앎으로 이루어진다고 주장한 사람들이 있었습니다. 이들을 영지주의자라고 부릅니다. 지금도 우리 안에 '이것은 선, 저것은 악'이라고 딱 잘라 구분하거나, '성경을 알면 구원을 받을 것이다'라는 생각들이 영지주의의 영향이라 할 수 있습니다. 영지주의는 그리스도교에 영향을 미치기도 했는데, 그리스도교 초기는 주로 영지주의자들이 그리스도교 신앙을 잘못 해석하는 데 맞서서 올바른 신앙을 선포하기 위해 노력했던 시기이기도 합니다.

이 시기에 케린투스라는 사람이, 예수님은 '외관상으로만 육체의 형태를 지닌 신'이라는 가현설假現說을 주장했습니다. 그는 천년왕국설의 천 년을 숫자로 계산하면서 그것을 인간 세계의 물질적 시간 개념으로 생각했습니다. 게다가 그가 기다리는 천 년의 시간은 그때만 도래하면 편안히 즐기며 살 수 있는 축제 기간과 같았고, 그 기대로 사람들을 선동하기 시작했습니다.

👥 그리스도인들이 그의 말을 듣고 따랐나요?

🧙 꼭 그런 것은 아닙니다. 그렇지만 그 분위기가 교회 안

에 점점 퍼지면서 그리스도교 교부들도 천년왕국설에 대한 이론들을 연구하기 시작했습니다. 그것이 그리스도교 신앙에 적합한지 아닌지를 숙고한 것이지요.

유스티누스(Iustinus, 100/110-165년경)

유스티누스는 방금 말한 영지주의에 대항했던 교부입니다. 특히 마르키온주의와도 맞서 싸웠는데, 마르키온주의는 구약성경을 배척하고 신약성경만 받아들이면서 구약의 하느님은 가짜라고 주장했습니다.

유스티누스는 천년왕국설을 어떻게 생각했나요?

결론부터 말씀드리면 유스티누스는 영지주의에는 대항했지만 천년왕국설은 옹호했습니다. 하지만 성인이고 교부라고 해서 그가 말한 모든 것이 옳고, 그리스도교 교리가 되는 것은 아니지요.

유스티누스는 당시 사람들이 모두 천년왕국을 믿고 있을 것이라고 여겼습니다. 물론 그의 생각과 달리 믿지 않은 사람도 있었지요. 유스티누스는 세상의 완성인 종말이 이루어지기 전에 그리스도께서 다시 오셔서 천년왕국을 이루실 것이라고 생각합니다. 천년왕국설입니다. 그리스도의 다시 오심으로 성인들은 부활하고, 무너졌던 예루살렘이 다시 세워지며, 그곳에 천년왕국이 이루어지리라 기대한 것이지요. 그리고 천 년이 지나면 마지막 심판과 함께 두 번째 부활이 있을 것이라고 주장합니다.

아무래도 요한묵시록 내용을 글자 그대로 받아들인 것 같은데요?

거의 그렇다고 볼 수 있습니다. 요한묵시록을 토대로, 또 다른 성경들을 인용하면서 희망을 구축하려는 모습을 보입니다. 인간의 언어로는 다 담을 수 없는 하느님 나라를 표현하려는 나름의 시도였다고 볼 수도 있겠지요. 하지만 유스티누스는 마치 전쟁으로 잃었던 국가를 탈환하듯이 풍요를 누리던 때의 옛 예루살렘을 되찾기를 바라면서, 다시 세워질 예루살렘을 천년왕국이라고 생각했습니다. 하느님의 것을 인간의 것으로 만들어 버리는 오류를 범한 것이지요. 그리고 그가 예견한 나라에는 축복과 풍요가 있고 악인들은 영원한 벌을 받을 것이라는 이분법적 접근도 위험한 생각이었습니다.

우리나라가 외세의 침략으로 나라를 빼앗겼을 때, 독립을 꿈꾸고 나라를 되찾아 그곳에서 풍요롭게 살날을 희망했던 것과 비슷하군요.

이레네우스(Ireneus, 130/40-200/202년경)

👤 교부들은 다가올 날들을 단계화해서 구분하기도 했습니다. 그 가운데 이레네우스에 대해 이야기해 보겠습니다. 그는 천년왕국설의 묵시적 경향이 퍼져 있던 소아시아 지역에서 자랐고, 후에 리옹의 주교가 됩니다. 그는 그리스도교를 지키기 위해 이단들에 맞서 논쟁하기를 두려워하지 않았습니다.

👥 천년왕국설을 두고도 논쟁을 했나요?

👤 이레네우스가 본격적으로 맞선 대상은 영지주의자들이었습니다. 유스티누스와 비슷하지요. 그는 영지주의자들과 논쟁하면서 천년왕국을 구원 역사 안에서 바라보기 시작했습니다.

👥 그런데 유스티누스와 이레네우스는 영지주의에는 맞서면서 왜 천년왕국설에는 우호적이었나요? 둘 다 그리스도교 신앙에 어긋나는 이론 아닌가요?

👤 그 이유는 이때까지 그리스도교 사상가들이 영지주의는 비판했지만, 천년왕국설이 옳은 이론인지는 틀린 이론인지는 아직 판단하지 않았기 때문입니다. 교부들은 영지주의자들의 생각에 맞서면서, 천년왕국설이 그리스도인들의 종말신앙에 오히려 도움이 될 것이라고 생각했습

니다. 다른 한편으로는, 천년왕국설을 영지주의의 영향 아래서 해석한다면 문제가 될 수 있겠다고 여겼습니다. 두 지점을 모두 고민한 것이지요. 조금 애매하고 혼란스러운가요? 그렇지만 교부들은 신앙의 중심을 잃지 않았습니다. 이는 우리가 지금 성당에 다니는 이유와도 연결됩니다. 우리 신앙의 중심은 무엇일까요?

👥 예수님이지요!

👤 맞습니다. 이레네우스는 구원 역사의 중심에 예수 그리스도가 있다는 것을 잊지 않았습니다. 이레네우스는 창조로부터 시작된 구원 역사가 그리스도의 육화와 죽음, 그리고 부활로 점점 정점을 향해 간다는 것에 집중합니다. 드라마에서 사건이 클라이맥스를 향해 가는 것과 같지요. 주인공을 방해하는 공작들도 펼쳐집니다. 시간이라는 한계 속에서 세상에는 죄가 만연하고, 인간은 희망하기를 주저하게 됩니다. 하지만 이를 극복하고자 그 너머를 꿈꾸고, 다시 희망을 찾으려 하지요. 그래서 이레네우스는 구원을 향한 역사는 마지막 과정을 거칠 것이라고 주장합니다. 이레네우스는 그 과정을 두 단계로 생각하는데, 먼저 천년왕국이 있고, 그다음 천상 예루살렘 곧 천국이 도래한다고 합니다.

👥 천년왕국이 천국을 말하는 게 아닌가요?

👥 그 점이 이레네우스의 특별함입니다. 그는 천년왕국과 하느님의 영원한 나라를 구분했습니다. 지금 우리가 살아가는 현세가 끝나면 천년왕국이 먼저 도래한다고 합니다. 그다음에 오는 영원한 예루살렘은 그것과 구분되는 천상적이고 최종적인 나라라는 것이지요.

테르툴리아누스(Tertullianus, 160?-220?)

🧔 마지막으로 살펴볼 사람은 테르툴리아누스입니다. 아프리카 지방의 대표적 교부이기도 한 그는 명문 이교 집안에서 태어났습니다. 법학을 공부하여 변호사가 되었고 세상의 쾌락을 즐기면서 살았지요. 그러던 중 깊은 회개 체험을 합니다. 하느님을 알게 되고 그리스도를 고백하며 사제까지 되었지요. 지적으로 출중한 사람이라 논리적으로 신앙을 따져 물었을 것 같지만, 오히려 '불합리한 일이기 때문에 나는 믿는다'고 했습니다. 지성만큼이나 그의 믿음은 탁월했습니다. 그는 교회를 지키고자 이단에 맞서 펜을 들었고, 그의 문장에는 격정과 분노, 엄격함이 담겨 있었습니다. 그는 교회가 더욱 엄격해져야 한다고 생각했습니다. 그러나 안타깝게도 엄격한 교회를 표방하며 미지근해

보이는 교회를 향해 열정의 목소리를 높이다가 몬타누스주의라는 이단에 빠집니다. 그의 눈에는 죄인들이 모여 있는 교회보다 초대 교회와 같은 순수한 열정을 지닌 것처럼 보이는 몬타누스주의가 만족스러웠던 것이지요.

하느님 나라에 대한 갈망에 너무 심취했을까요? 열성이 지나쳤을까요? 테르툴리아누스 같은 훌륭한 교부가 빗나간 것이 안타깝습니다.

하느님 나라에 대한 갈망에 너무 심취하다 보면, 자신들이 모인 곳이 하느님 나라이니 자신들을 따르라고 하거나, 지금 살아가는 지상에 하느님 나라가 도래하리라고 주장하는 데까지 이를 수도 있습니다. 바로 그러한 문제가 테르툴리아누스에게도 나타납니다. 그는 자신이 속한 아프리카 교회가 신앙으로 더욱 불타오르기를 바라면서 그들의 믿음에 경종을 울리고자 심판과 두려움을 강조합니다. 하느님 안에서 충실히 살아간다면 그 노력으로 심판 때에 보상을 받는다는 믿음으로 사람들이 자신의 말을 믿고 따르기를 바랐던 것이지요.

나아가 그는 심판의 보상으로 하느님의 천상 예루살렘이 지상으로 내려와 천 년 동안 지속될 것이고, 그때 부활한 의인들은 이 땅에서 받지 못한 영적인 보화를 충만히 받게 되리라고 예고합니다. 천년왕국설 내용 그대로

지요. 테르툴리아누스도 이를 주장하기 위해 요한묵시록 20장과 21장을 근거로 삼습니다.

몬타누스주의에 빠진 테르툴리아누스

그런데 테르툴리아누스가 몬타누스주의에 빠진 이유는 무엇인가요? 종말에 대한 두려움 때문이었나요?

몬타누스주의는 테르툴리아누스가 주장했던 천년왕국설을 한층 더 극단적으로 주장한 이단이라고 볼 수 있습니다. 이 이단은 2세기경에 몬타누스라는 사람이 희망을 전한다는 취지로 종말에 대한 임박한 기대감을 조장하면서 생겨났습니다. 테르툴리아누스는 거기에 관심을 가진 것이고요. 그들은 그리스도의 재림이 곧 이루어질 것이니 그리스도를 기다리는 공동체는 삶을 철저히 쇄신해야 한다고 주장하며 예언 운동을 펼쳤습니다. 이 운동을 주동한 사람이 몬타누스입니다. 그는 급기야 자신을 하느님께서 교회에 보내기로 약속하신 진리의 영이라고 내세우기까지 합니다. 자신이 신의 권능을 입은 사람이어서 교회의 문제를 해소할 해결사라고도 말하지요.

요즘도 이런 사람들이 있잖아요?

🏛 2세기의 낡은 이론이 아직도 반복되고 있는 것이지요. 예상하다시피 몬타누스는 사람들에게 세상 종말이 가까이 왔다고 주장하면서 두려움도 함께 퍼뜨립니다. 그의 본래 의도는 테르툴리아누스와 마찬가지로, 교회가 초대 교회의 열정을 되찾아 다시 일어나기를 바랐던 것일 수 있습니다. 그렇다고 해도, 어느새 그는 사도행전과 요한묵시록을 내세우며 그리스도의 재림이 임박했고 그 장소까지 안다면서, 요한묵시록 21장의 새 예루살렘과 천년왕국이 프리기아 지방의 페푸자라는 도시에서 실현될 것이라고 주장하는 데 이릅니다.

또 그리스도의 재림과 천년왕국의 도래를 인간의 노력으로 앞당길 수 있고, 그 방법을 자신만이 안다고도 주장하지요. 그래서 그는 신자들에게 단식, 독신 생활, 성생활의 자제, 자선, 순교를 강조했습니다.

하지만 몬타누스와 그를 따르던 사람들이 예고한 천년왕국은 좀처럼 다가오지도, 이루어질 기미도 보이지 않았습니다. 엄격한 금욕과 극기 생활을 하던 사람들도 서서히 지쳐 갔지요. 그럼에도 불구하고 몬타누스주의는 쉽사리 사라지지 않았습니다. 그들이 뛰어난 조직 체계를 갖추었기 때문이지요. 그 바람에 테르툴리아누스라는 훌륭한 교부가 그들의 속삭임에 휩쓸리고 말았습니다.

당시에는 엄청난 사건이었습니다. 당대의 유명한 신학자가 이단으로 가 버렸으니까요. 하지만 분명 진리는 밝혀지게 되어 있고, 진리를 방해하는 것은 참뜻이 드러나 사라집니다. 결국 몬타누스주의자들은 서방에서는 5세기경, 동방에서는 6세기경 그 자취를 감추게 됩니다.

👥 테르툴리아누스가 이단에 빠진 것은 정말 충격입니다. 자칫 천년왕국 이론이 교부들의 공식적인 주장이고 가톨릭의 교리인 것처럼 혼동할 수도 있겠는데요?

👤 테르툴리아누스가 말년에 이단에 빠진 것은 참으로 애석합니다. 하지만 그가 이단에 빠진 것과 그가 그 이전에 행한 신앙과 진리에 대한 탐구는 구분할 필요가 있습니다. 당시가 '교리'라는 형식이 형성되던 시기임을 감안하더라도 말년의 판단은 무척 아쉽지만, 그 때문에 그의 온 삶과 신학 연구가 부정된다면 안타까운 일이니까요.

하지만 천년왕국설을 토대로 자신이 계시를 받았다고 주장하며 자신만의 왕국을 만들어 사람들을 선동하는 것은 단연코 문제입니다. 테르툴리아누스가 천년왕국설에 빠진 것이 문제 되는 것도 그 때문이고요.

천년왕국설에 대한 경계

🧑 교부들의 천년왕국설도 제대로 알아야겠군요!

👤 유스티누스, 이레네우스, 테르툴리아누스는 자신의 종말론적 믿음 안에서 천년왕국설을 펼쳤지만, 그것이 모든 면에서 그리스도교 신자들에게 유익이 되지는 못했어요. 예를 들어, 천상적인 개념을 지상적인 개념으로 받아들이거나, 하느님을 향한 더 큰 갈망을 인간적 차원으로 축소하고, 성경을 문자 그대로 해석하면서 혼란을 야기한 점은 교회 안에서 문제가 되었습니다.

그 뒤로 천년왕국설을 그리스도교 신앙 안에서 어떻게 올바르게 이해해야 하는지 고민하는 사람들이 등장합니다. 바로 천년왕국설의 올바른 해석을 처음으로 정리한 오리게네스와 아우구스티누스입니다. 그들은 사람들을 혼란시키고 선동하던 천년왕국설이 그리스도교 신앙에 불필요한 주장임을 밝히면서 올바른 종말신앙을 전하고자 했습니다. 그리하여 천년왕국설은 교회 안에서 서서히 사라지지요.

다음 이야기를 시작하기 앞서 지금까지 살펴본 천년왕국설의 양상을 되짚어 보겠습니다. 교부들에게 천년왕국설은 하느님 나라를 향한 기대와도 같았습니다. 순수했을 수도, 열정이었을 수도 있던 그들의 신앙과 천년왕국에 대한 생각은 사람들을 깨어 있게 하는 도구가 되기도 했지요. 하지만 다른 한편으로는 그 옳고 그름이 식별되기도 전에 퍼져 나가서 사람들을 선동하기도 했고, 달콤하게만 보이는 하느님 나라에 대한 그릇된 이미지를 갖게 했습니다.

이제 이러한 상황을 식별하고 바로잡아 준 두 인물, 오리게네스와 아우구스티누스를 살펴봅시다.

2. 오리게네스의 비판

오리게네스(Origenes, 185?-254)

오리게네스는 1,800여 년 전, 순교를 열망하며 아주 열심히 신앙생활을 한 사람이었습니다. 가족은 신앙의 모범으로서 오리게네스가 신앙을 키우는 데 커다란 영향을 주었습니다. 그는 신앙심이 두터운 가정에서 철저한 신앙 교육을 받고 세속의 교육도 충실히 받았습니다. 그러던 중 그리스도교 박해로 아버지를 잃게 됩니다. 아버지의 죽음을 슬퍼하던 오리게네스는 자신도 아버지처럼 순교하겠다는 열망을 키웁니다.

남편에 이어 아들까지 잃고 싶지 않았던 어머니의 만류에도 오리게네스는 순교를 열망하며 열정을 쏟아 지성적으로 하느님을 탐구합니다. 그의 신학적 탐구는 그리스도교 신앙을 이해하는 데에 커다란 공헌을 했고 지금까지도 그리스도교 신학의 유산으로 남아 있습니다.

하느님을 알고자 하는 열망의 불씨는 단순히 지식을 키우려는 욕심에서 커간 것이 아니었습니다. 그는 놀라운 영적 통찰력을 지니고 있었지요. 오리게네스는 깊은 기도 안에서 하느님을 체험하고, 성경의 영적·신비적 의미도 깨달아 갔습니다. 그 체험을 토대로 세상 안에 현존하시는 하느님의 신비를 인식하며 세상 안에서 하느님을 찾고, 만나고, 이해하는 여정을 살아갔습니다.

오리게네스가 영성을 키워 가는 데 중요하게 작용한 작업은 성경 해석이었습니다. 그는 성경을 탐구하고 성령의 도움으로 영적 진리를 깨달아 그 의미를 해석하고자 했습니다. 이런 점에서 그를 명석한 신학자이자 교회의 중요한 성경 주석가라고 부르지요.

훌륭한 분인데, 잘 알려지지 않은 것 같아요.

그렇지요? 사실 신학을 공부하는 사람에게는 오리게

네스의 《원리론》과 토마스 아퀴나스의 《신학대전》이라는 책은 빼놓을 수 없는 중요한 교과서이고, 그만큼 신학 분야에서는 잘 알려져 있습니다. 하지만 신학을 공부하지 않는다면 오리게네스라는 이름이 낯설 수 있어요. 왜냐하면 오리게네스가 당시의 전통 신앙과 마찰을 빚는 일도 있었기 때문입니다. 그는 하느님을 이해하고 성경을 해석하기 위해 당시의 철학 체계를 통해 사유하면서 보편적인 동의를 얻지는 못했어요. 전통 신학에서 조금 벗어났다고 할까요? 자신의 신학에 기초한 행동이 좀 과했다고 할까요? 그래서 그의 삶과 이론이 모두 다 교회 안에서 받아들여지지는 못했습니다. 하지만 하느님을 향한 열망과 그분을 알고자 하는 지성적 열정은 커다란 보화로 남아 있습니다. 오리게네스는 천년왕국설을 올바로 식별하는 과정에서도 중요한 공헌을 했습니다.

오리게네스의 천년왕국설 비판

오리게네스가 올바른 식별에 공헌했다는 말은 천년왕국설에 대한 명확한 해석을 내놓았다는 건가요?

오리게네스는 천년왕국설을 반대했습니다. 천년왕국

설은 성경에 대한 그릇된 해석에서 비롯된 잘못된 이론이라고 비판하며 올바른 해석을 제시합니다.

오리게네스가 성경 주석가였으니 성경 말씀을 토대로 한 천년왕국설을 비판적으로 바라볼 수밖에 없었겠군요.

오리게네스는 우리가 앞서 살펴본 소아시아의 물질적 사고가 성경의 영적 의미를 발견하는 데 방해가 된다고 우려했습니다. 성경을 해석하고 주석하는 데 있어서도 문자에 얽매이는 태도는 성경을 영적으로 받아들이고 신비 안에서 기도하는 것과 대립된다고 생각했지요.

그는 먼저 천년왕국설의 근거가 되는 성경 해석법 자체를 지적합니다. 하느님 말씀은 문자적 의미만으로 이해할 수 없기에 요한묵시록과 몇몇 성경 본문을 글자 그대로 해석하여 만든 천년왕국설을 받아들일 수 없다고 주장합니다. 천년왕국설을 주장하는 사람들은 주로 하늘의 것을 땅의 것으로 혼동하여 이해하는 경향을 보였습니다. 성경 저자가 빗대어 설명한 하늘의 것을 지상의 물질세계에서 찾으며 '이 지역에 천국이 내려올 거야! 그 기간은 천 년일 거야! 천국은 이러이러한 모습일 거야!'라고 인간적으로 바라본 것이지요. 오리게네스는 이러한 주장이 우리의 신앙을 자라게 하기보다 오히려 위협한다고 지적합니다.

🙋 우리가 자주 범하는 실수인 것 같아요. 지상적 차원 너머를 바라보기도 쉽지 않지만, 하느님 나라가 지금 여기에서 내가 원하는 모습으로 실현되기를 갈망하기도 하니까요.

🧑 당시 천년왕국설을 주장하는 사람들은 우리가 부활한 이후에 살아갈 천상 하느님 나라의 삶도 이승의 삶과 같은 모습이리라 상상했습니다. 곧 거기서 혼인도 하고 자녀도 낳기를 바랐습니다. 그래서 오리게네스는 한층 깊은 영성으로 하느님을 열망하는 사람들을 초대했지요.

오리게네스의 천년왕국설 해석

🧑 오리게네스는 조금 다른 방식으로 죽음 이후를 설명합니다. 먼저 성인聖人들의 죽음을 이야기하는데, 성인들은 죽으면 보통 사람들은 어렴풋이 알 수밖에 없었던 천상 하느님 나라와 성경에 담긴 신비를 이해할 수 있게 된다고 설명합니다. 그들은 하느님의 섭리를 분명히 알 수 있는 자격을 갖춘 사람이라는 것이지요.

그렇다면 우리에게도 성인이 되는 것이 중요해집니다. 이를 위해서 우리가 할 일은 성경을 열심히 읽는 것입니다. 열심히 읽되, 영적으로 읽어야 합니다. 오리게네스에 따르면 그 방법은 성경에 담긴 신비들을 기도 안에서 영적으로 받아들이고 이해하고자 노력하는 것입니다. 이처럼 알 수 없고 궁금했던 모든 것이 밝혀지리라는 기대를 안고 성경을 읽는 방법을 '우의'(寓意, allegory)적 해석, 혹은 우의적 독서라고 합니다. 이는 오늘날 우리도 활용하는 방법입니다. 성경에 담긴 영적 의미, 신비적 의미를 예수 그리스도 안에서 탐구하며 읽어 가는 것입니다.

오리게네스는 천년왕국설을 주장한 이들이 주로 다룬 요한묵시록 역시 영적으로 해석하여 그 의미를 찾고자 노력합니다. 특히 그리스도가 재림하고 나타날 첫째 부활 이후에 천년왕국이 도래할 것이라는 주장에서, '첫째 부활'을 좀 더 신중하게 해석해야 한다는 것이지요.

신중하게 해석한다는 것은 어떤 의미인가요?

'오리게네스의 성경 해석이 정답'이라고 말할 수는 없습니다. 성경은 'A라는 말씀의 뜻은 B'다는 식으로, 그 구절을 풀이하는 '답안지'를 가지고 있지 않습니다. 성경은 그 말씀에 담긴 의미 안에서 하느님께서 우리(나)에게 어떤 말씀을 건네시는지 귀를 기울이며 읽어야 합니다. 그렇게 성경은 읽는 우리와 함께 자라는 책입니다.

혹시라도 누군가가 '성경의 감추어진 의미를 알려 주

겠다'거나 '성경은 비유로 쓰여 있다'고 말하며 '성경의 정답을 알려 주겠다'고 광고한다면 절대 현혹되어서는 안 됩니다. 성경은 그렇게 해석될 수 있는 책이 아닙니다. 성경을 올바로 해석하는 임무는 교회의 공적 권위에 맡겨져 있습니다. 오리게네스 같은 교부들이 우리 신앙을 바르게 인도하기 위해 성경의 의미를 찾고자 노력한 덕분에, 성경 말씀을 올바르게 이해하고 좀 더 깊이 묵상할 수 있게 되었습니다. 결국 우리가 성경을 읽는 목적은 그에 걸맞은 해석의 정답을 찾는 것이 아니라, 기도 안에서 말씀을 풍요롭게 받아들여 삶으로 살아가는 데 있음을 잊지 말아야 합니다.

다시 돌아와서, 천년왕국이 일어나기 전에 의인들에게 주어진다는 '첫째 부활'을 오리게네스가 어떻게 해석하는지 살펴보겠습니다. 오리게네스는 첫째 부활이 우리의 '세례'를 의미한다고 해석합니다.

그럼 세례를 받은 우리는 모두 첫째 부활을 맞이한 건가요?

오리게네스의 해석에 따르면 그렇습니다. 우리는 세례를 통해 다시 태어나니까요. 그리고 세례를 받고 살아가는 삶의 장소가 천년왕국이기에, 더 이상 천년왕국을 기다릴 필요가 없이 그리스도교 신앙인의 삶에 충실해야 한다는 것입니다.

👥 깔끔한 해석 같은데요? 뭔가 명확해 보여요!

👤 이제 아우구스티누스를 살펴볼까요? 아우구스티누스는 천년왕국설이 하느님 나라를 향한 열망을 품고 살아가는 데 별다른 도움이 되지 않음을 밝히며 좀 더 명확히 이 이론을 비판합니다.

3. 아우구스티누스의 비판

아우구스티누스(Augustinus, 354-430)

👥 그 유명한 아우구스티누스 성인이군요. 어머니 모니카도 성녀잖아요?

👤 맞습니다. 그분도 아우구스티누스만큼 유명한 성녀이지요. 기도와 덕행뿐만 아니라 훌륭한 어머니의 모범으로 잘 알려져 있습니다. 아우구스티누스는 어린 시절부터 많은 우여곡절을 겪고, 수없이 길을 헤매다가 하느님께 되돌아오는 깊은 회심을 체험한 성인이기도 합니다.

'그리스도교 최고의 스승'이라 부르는 아우구스티누

스의 삶을 여기서 다 이야기하려면 밤을 지새워도 부족하겠지만, 그의 젊은 시절을 잠깐 살펴보면 좋겠습니다. 젊은 날 방탕한 생활을 한 아우구스티누스는 매우 똑똑했다고 합니다. 공부를 많이 하지 않아도 빨리 이해하고 잘 외우는 학생이었지요. 그러나 아우구스티누스는 공부에 영 재미를 붙이지 못했습니다. 그러던 어느날 두 가지 계기로 삶의 전환점을 맞이합니다.

첫 번째 계기는 철학에 심취하게 된 것입니다. 아우구스티누스는 지혜에 대한 사랑, 곧 철학*philosophia*에 매료되어 지혜를 찾아 나섭니다. 그런데 철학책을 아무리 탐독해도 채워지지 않는 무엇인가가 있었어요. 답답해하던 그는 문득 예전에 어머니가 그렇게도 누누이 읽으라고 말씀하셨던 책을 떠올립니다. 두 번째 계기요, 아우구스티누스의 삶을 결정적으로 변화시킨 성경입니다.

오리게네스처럼 아우구스티누스 역시 성경을 통해 천년왕국설을 탐구했나요?

아우구스티누스는 성경을 충실히 읽고 탐구하며 삼위일체 교리 등 올바른 신앙을 전하는 데 힘썼고, 올바른 종말신앙 또한 전해 주었습니다. 하지만 이 대목에서 아우구스티누스가 천년왕국설을 반박하는 데 성경을 이용했다는 근거를 대기에는 이릅니다. 아직 그는 세례도 받지 않은 상태였습니다. 신앙 없이 오로지 지적으로 지혜를 깨닫기 위해 성경을 읽었으니, 그는 다시 절망에 빠지고 맙니다.

그는 성경으로도 자신이 바랐던 지적 깨달음을 충족하지 못합니다. '아! 여기에도 답이 없는 것인가?' 절망한 그는 극단적으로 이단에 빠집니다. 사람이 어떤 것을 간절히 찾고 원하다 보면 극단적인 것에 빠지고, 그러다가 더 자극적인 것을 찾게 되나 봅니다.

신자들 중에서도 자극적인 말이나 색다른 기도를 찾아다니는 사람들이 있어요. 인내로이 기도하기보다 감각적인 체험에 더 마음을 빼앗기는 것 같아요.

하느님을 만나고 싶은 열망은 있어도 기도 안에 고요히 머무는 것은 어려워 합니다. 하느님이 당장에 눈에 보이는 무언가를 주시기를 바라지요. 그러다 참지 못하고 '저기가 용하대', '저기서 무슨 일이 일어났대', '저기에 진리가 있대' 하면서, 교회의 금칙에도 불구하고 하느님이 아닌 것에 휩쓸려 마음과 영혼, 모든 것을 빼앗기는 신자들도 있으니 무척 안타깝습니다. '저 사람을 찾아가야 성경 말씀을 이해할 수 있대', '저기서 성모님이 나타나셨대', '저기서 기도 받아서 하는 일이 잘됐대' 하는 곳은 반드시 주의해야 합니다.

아우구스티누스의 방황과 회심

🧑 아우구스티누스는 지혜를 얻으려는 강한 열망으로 성경을 읽었지만 만족하지 못하고 마니교라는 이단에 빠집니다. 마니교는 앞에서 언급한 영지주의에 영향을 받은 종교라고도 볼 수 있습니다. 영지주의가 세계를 이분법적으로 생각하듯이 마니교는 신神 또한 선신과 악신으로 구분하고, 물질과 정신을 나누면서 물질은 버리고 오로지 영적인 것에만 귀를 기울이라고 가르칩니다.

👥 아우구스티누스가 극단적으로 영의 세계를 분리한 마니교에 빠졌군요.

🧑 그렇지요. 하지만 다행히도 아우구스티누스는 마니교의 가르침에도 만족하지 못하고 그곳을 나옵니다. 그런 그에게 삶의 나침반이 되어 준 한 인물이 나타납니다. 바로 교회가 성인으로 모시는 교부 암브로시우스입니다. 지성적 힘으로 철학을 통해 참된 진리를 이해하고 싶었던 아우구스티누스는 숱한 우여곡절 끝에 스승인 암브로시우스를 만나게 됩니다. 그리고 자신이 갈망하던 참된 진리가 하느님 안에 있음을 깨닫고 극적으로 회심합니다. 길을 잃은 그에게 하느님의 음성이 들려왔고, 그 말씀에 따라 집어 든 성경 말씀을 읽고, 그는 하느님께서 예수 그리스도

를 믿고 따르라고 말씀하신다는 것을 믿게 됩니다.

그는 세례를 받고 열심히 신앙생활을 하며 하느님을 향한 탐구 열정으로 한층 더 고무됩니다. 후에 그는 지금 알제리의 옛 도시인 히포 지역의 주교가 됩니다. 그는 자신의 체험과 하느님을 알기 위한 온갖 노력을 기록한 방대한 저서를 남겼습니다.

👥 아우구스티누스의 유명한 책 《고백록》은 알아요! 성인의 회심 체험이 담겨 있지요?

👤 《고백록》은 많이 알려진 책이지요. "이제야 알았습니다. 하느님, 당신께서 항상 나와 함께하셨다는 것을"이라는 대목은 들어본 적이 있을 것입니다. 성인의 저술에는 그 외에도 《삼위일체론》, 《자유의지론》 등 유명한 신학 작품이 많습니다. 다만 이해하기가 쉽지 않아 눈에 불을 켜고 공부해야 한다는 어려움이 있지만요.

신국론과 천년왕국설 비판

👥 혹시 아우구스티누스 성인이 천년왕국설에 대해서 쓴 책도 있나요?

👤 아우구스티누스가 천년왕국설을 주제로 쓴 책은 없습

니다. 어쩌면 그는 그것을 비판하는 책을 쓸 필요조차 없다고 생각했을지도 모릅니다. 다만 한 책에서 천년왕국설을 "우스꽝스러운 이야기다"라고 짧게 언급했는데, 《신국론》이 그 책입니다. 이 책에는 하느님 나라와 교회, 우리가 어떤 믿음을 지니고 살아가야 하는지에 관한 신학과 성찰이 담겨 있습니다. 그는 천년왕국이라는 달콤한 상상이 결국 영혼을 해친다고 논증했습니다. 사실상 이 비판 이후에 교회 안에서 천년왕국설을 이야기하는 사람들은 자취를 감춥니다.

천년왕국설은 하나의 설說이었고 이상이었기에, 우리가 고백하는 믿음이 될 수 없다는 사실이 그를 통해서 정리되었지요.

《신국론》은 천년왕국설을 어떻게 비판했나요?

《신국론》은 제목 그대로 하느님(神)의 나라(國)에 대해 이야기(論)하는 책입니다. 라틴어로는 De Civitate Dei인데, civitate는 도시를 뜻합니다. 그래서 신국론을 '하느님의 도성'이라고도 부릅니다. 아우구스티누스는 이 책에서 하느님의 두 도성都城, 곧 지상의 하느님 나라와 천상의 하느님 나라를 설명합니다. 하지만 그는 땅의 나라와 하느님의 나라를 분리하려고 펜을 들지 않았습니다.

사랑하는 이와 해변이 보이는 호텔 스위트룸 테라스

에서 햇볕을 쬐며 와인이나 커피를 마신다고 상상해 보세요. '아! 여기가 천국이다'라는 생각이 들지 않을까요? 하지만 스위트룸 테라스가 천국이 아니라는 사실을 우리는 압니다. 천국은 지상에서 맞이할 수 없으니까요. 아우구스티누스도 천국은 금세 사라지고 말 지상의 향락이 아니라, 하느님의 뜻이 이루어지는 곳이며 하느님을 만나고 체험하는 하느님의 도성이라고 설명합니다. 하느님과 이웃 사랑을 실천하며 살아간다면 그곳이 곧 하느님 나라요 지상의 하느님 도성임을 말하고 싶었던 것입니다.

교회 안에도 사랑과 정의를 제쳐 둔 채 자신만을 생각하며 살아가는 사람들이 있습니다. 어떤 것에 자신의 마음을 두고 살아가느냐에 따라서 천국을 향한 삶인지, 천국을 등진 삶인지가 드러납니다. 그래서 아우구스티누스는 사람들이 하느님께 마음을 두고 천국을 갈망하며 살아가도록 고취합니다. 어떤 상황이 오더라도 하느님께서 승리하시는 하느님 나라가 이루어진다는 믿음으로, 《신국론》을 통해 사람들의 신앙을 북돋으려 했지요.

천상의 나라와 땅의 나라를 장소로 구분 짓는 것이 아니라, 내 마음과 믿음을 하느님께 두고 산다면 그곳이 하느님의 도성이 될 수 있다는 뜻이군요.

그렇지요. '천년왕국이 이루어지면 의인들은 부활하

여 지하에 악마를 가둔 나라를 통치할 것이다', '마지막 날에 둘째 부활이 이루어지면 그때 영원히 살아남을 것이다'라는 말들은, '지금 우리 삶에서 하느님의 뜻을 지키고 사랑과 정의를 실천하며 살아간다면, 이미 우리에게 하느님 나라가 가까이 와 있음을 드러내는 보증'이 될 수 있을 것입니다.

첫째 부활과 천년왕국설 비판

아우구스티누스가 천년왕국설을 어떻게 비판했는지 좀 더 자세히 알아볼까요? 그는 성경을 글자 그대로 파악하며 읽는 방법에 동의하지 않았습니다.

오리게네스도 그렇지 않았나요?

맞습니다. 그래서 아우구스티누스도 오리게네스처럼 성경 말씀의 영적 의미를 탐구합니다. 그리고 오리게네스와 같은 의견이 또 하나 있는데, 바로 첫째 부활에 대한 해석입니다. 아우구스티누스도 요한묵시록의 첫째 부활이 세례를 가리킨다고 보았습니다. 요한묵시록에서 증언하는 하느님의 천 년 통치가 이루어지는 하느님 도성은 결국 첫째 부활, 곧 그리스도 안에서 다시 태어난 사람들이 모인 공동체인 교회라고 해석할 수 있다는 것이지요. 교회와 하느님 나라를 동일시하는 것은 아니지만, 하느님의 뜻에 따르는 삶이 하느님의 도성에서 살아가는 삶이라고 은유적으로 표현한 것입니다. 그래서 그는 천 년이라는 시간도 기간을 산정할 수 있는 연대기적 의미가 아니라, 지금 우리가 살아가는 교회의 시간, 곧 하느님의 창조 목적에 따라 마음을 천상에 두고 사랑하며 살아가는 시간을 뜻한다고 해석했습니다.

지금 우리가 살아가는 교회는, 그리스도의 첫 번째 오심과 우리의 첫 번째 부활인 세례를 통해 '이미' 세워진 하느님 나라인 것입니다. 하지만 이 교회에는 하느님의 가르침을 전하고 지키는 사람들만 있는 것은 아닙니다. 그래서 '아직' 도래하지 않은 하느님 나라는 그리스도의 다시 오심으로 두 번째 부활을 맞이함으로써 완성될 것입니다. 아우구스티누스는 그 나라에서 맞이할 두 번째 부활이란 육신의 부활과 같다고 설명합니다.

하느님 나라의 백성은 하느님의 뜻을 믿고, 하느님 사랑과 이웃 사랑을 실천하며 정의롭게 살아가는 사람들입니다. '하느님 나라가 땅에서도 이루어지소서'라는 기도와 같이 지상의 하느님 나라는 하느님 백성이 그분 백성답게 살아갈 때 이루어집니다. 이 시간을 충실히 살아간다면 천상 하느님 나라가 도래할 때 그것이 완성되리라는 것이 우리의 믿음입니다. 그야말로 이미 다가온 하느님 나라를 맞이하면서, 아직 다가오지 않은 하느님 나라를 기다리는 신앙인의 자세라 할 수 있습니다. 그래서 아우구스티누스는 천년왕국설을 하느님 나라를 갈망하는 데에, 그리고 지상교회를 살아가는 우리 신앙을 북돋는 데에 오히려 방해가 되는 이론이라 비판합니다.

👥 지상교회에서 하느님의 뜻을 따르고 그분 안에서 행복을 누리며 살아간다면 하느님 나라를 미리 맛보는 것이고, 하느님 나라의 완성이 도래하면 부활하여 영원한 생명을 누리리라는 희망이 우리의 믿음임을 마음에 새겨 두어야겠어요.

👤 이제 요한묵시록의 몇몇 구절들을 쏙쏙 뽑아 만들어낸 천년왕국설이라는 이론은 필요하지 않습니다.

👥 천년왕국설이 우리를 현혹하고 우리 영혼을 해칠 만큼 위험하다는 것을 확실히 알았어요. 그럼 교회에서는 천년왕국설이 완전히 사라졌나요?

👤 그랬다면 좋겠지만, 지금도 이 이론에 빠진 사람들이 있습니다. 천년왕국설은 아우구스티누스 이후에 한동안 교회 안에서 언급되지 않습니다. 하지만 안타깝게도 한참 뒤에 다시 나타났는데, 이전과는 사뭇 다르게 새로운

주장을 펼쳤습니다. 하느님 나라를 향한 열망을 뒷받침할 이론으로 천년왕국설을 제시하기도 하고, 개인과 단체의 이익을 위해 천년왕국설이 참된 가르침이라고 끼워 맞추는 사람들도 나타났습니다.

    이 이야기는 다음 장에서 이어 가겠습니다. 어쩌면 지금 우리에게 나타나는 천년왕국설과 같은 느낌을 이들의 모습에서도 찾을 수 있을 겁니다.

아우구스티누스의 천년왕국설 비판

두 부활에 관해 같은 복음사가 요한이 묵시록이라는 책에서도 언급했다. 그런데 그 표현방식 때문에 우리 가운데 일부는 첫째 부활을 제대로 이해하지 못할 뿐 아니라, 심지어 우스꽝스런 얘기로 바꾸어 버리기까지 한다. … 혹자들은 이 책의 바로 이 대목(묵시 20,1-6)을 근거로 첫째 부활이 장차 있을 부활이고, 어디까지나 육체적 부활이라고 생각하기에 이르렀다. 그들은 다른 것보다 천 년이라는 숫자에서 큰 인상을 받았다. 성도들은 그 오랜 세월의 안식기가 있을 만하다고 여겼고, 인간이 창조되고서 저 크나큰 죗값으로 낙원의 행복에서 쫓겨나 이 사멸할 인생의 고초를 겪은 이상, 6,000년의 기나긴 노고가 지난 다음이라면 성스러운 여가를 가질 만하다고 여기게 되었다. 그렇게 말하는 이유는 성서에 "주님께는 하루가 천 년과 같고 천 년이 하루와 같습니다"라고 기록되어 있기 때문이다. 그래서 엿샛날처럼 6,000년의 햇수가 채워지고 나면 안식일의 일곱째 날처럼 최후의 1,000년이 따라오리라고 생각했다. 성도들이 부활하는 것은 다름 아닌 이 안식기를 경축하기 위해서라고 한다. 만약 저 안식기에 누릴 것이 영적 쾌락이고, 그것은 주님의 현존을 통해 성도들에게 닥치리라고 믿는다면 이런 견해도 용납할 만하겠다. 우리도 한때 이런 의견을 품은 적이 있기 때문이다. 하지만 그때 부활할 사람들은 무절제하기 이를 데 없는 육적 잔치로 소일하리라고 말하는 사람들도 있다. 그 잔치에는 음식과 음료가 넘쳐나 아무 절도도 지키지 않을 뿐 아니라, 불신도 정도가 있지만 그런 정도마저 지키지 않는다. 하지만 이런 생각은 육적 인간들이 아니면 결코 믿지 못할 것이다. 영적 인간들이라면 저따위 생각을 믿는 사람들을 가리켜 그리스어로 킬리아스타이라고 일컫는다. 그들을 단어 그대로 옮겨 표현한다면 "천년왕국론자"라고 부를 수 있겠다.*

---

* 아우구스티누스, 《신국론: 제19-22권》, 성염 역주, 분도출판사, 2004, 2283.2285쪽

4장
다시 나타난 천년왕국설

'성령의 시대'라는 말을
들어 본 것 같아요.

구원의 역사 안에서
삼위일체의 어떤 위격도
분리할 수 없다는 것을 기억해야 합니다.

'꺼진 불도 다시 보자'라는 화재 예방 표어를 본 적이 있으세요? 이 표어는 천년왕국설에도 적용됩니다. 사그라든 줄 알았던 그 주장이 중세에 타오르게 되니까요. 바싹 마른 산에 불이 날까 걱정하던 날, 비가 내려 한시름 놓았건만, 어느새 불어온 가을 바람이 땅을 말리고 꺼진 불을 다시 일으킵니다. 그렇게 변화무쌍한 시대가 바로 중세입니다. 그와 동시에 한기 가득한 집을 따스하게 덥히고 어둠을 밝히며 마음속 열망에 다시 불을 지피던 시대 역시 중세였습니다. 중세에 그리스도교에서는 신앙을 고취하려 다양한 신학적 주장이 이곳저곳에서 터져 나왔습니다. 교회 학자들이 그 주장들을 연구했고, 교도권은 그것을 식별하고 정리했지요.

신앙은 식별의 연속이라고 했던가요? 아우구스티누스 이래로 천년왕국설은 교회 안에서 사그라들었습니다. 한동안 교회 안팎에서 천년왕국설을 이야기하는 사람은 없었습니다. 하지만 꺼져 가던 천년왕국설의 불씨를 한 수도승이 다시 살려 냅니다. 그때만 해도 산 하나를 태울 정도로 위험한 불길이 되리라는 것을 미처 알지 못했을 테지요. 어쨌든 하느님을 향한 강한 열망을 지닌 그는 천년왕국설이라는 불씨에 다시 입김을 불어 넣습니다. 과연 그가 일으킨 불씨는 하느님 나라를 향한 올바른 희망으로 신앙을 타오르게 할 수 있었을까요?

우리가 이번 장에서 살펴보려는 인물은 피오레의 요아킴입니다. 그가 주장한 천년왕국설이 무슨 내용인지, 어떤 바람으로 그런 주장을 했는지 주의 깊게 살펴보겠습니다.

1. 피오레의 요아킴

피오레fiore는 이탈리아어로 '꽃'이라는 뜻입니다. 이탈리아 남부의 코센자Cosenza라는 지방에 '꽃이 만발한 성 요한San Giovanni in Fiore'이라는 마을이 있습니다. 피오레의 요아킴은 그곳에서 활동한 수도승이자 저술가였습니다.

수사님이었군요?

네, 맞습니다. '수도승'은 수사와 같은 의미인데, 본래 '혼자 사는 이*monachos*'라는 뜻입니다. 흔히 우리가 생각하는 수행자같이 하느님 나라를 갈망하며 속세를 떠나 기도와 고행으로 거룩함을 찾았던 사람들입니다. 그런 수행자들을 가톨릭에서도 수도승이라고 부릅니다. 불교의 승려와 비슷한 개념일 수도 있습니다. 특히 서방 교회에서는 주로 베네딕토 성인의 수도 규칙을 따라서 수행하는 이들을 수도승이라고 불렀습니다.

수도승들의 종말신앙

세상을 떠나 홀로 성경을 읽으며 수행하는 모습이 그려집니다.

가톨릭 수도승들의 수도 생활과 종말신앙은 떼려야 뗄 수 없는 관계입니다. 사막으로 나가 홀로 수행한 이유도 세상과 떨어져서 하느님 나라를 미리 맛보기 위한 갈망 때문이었지요. 요아킴의 수도 생활을 이해하기 위해 먼저 수도승들의 종말신앙에 대해 알아보면 좋겠습니다.

313년에 그리스도교 역사에서 매우 중요한 사건이 일어납니다. 로마의 황제 콘스탄티누스가 그리스도교에 자유를 선언한 것이지요. 이후 그리스도교는 로마 제국의 보호를 받으면서 국가의 이념적 토대가 되기 시작합니다. 그리스도교 신자들 편에서는 신앙의 자유를 얻은 기쁜 소식이기도 했지만, 한편으로는 신앙이 세상과 관계를 맺으면서도 그 중심을 잘 잡아 나가야 하는 과제를 받은 사건이었습니다. 그런데 그리스도교가 한 나라, 한 제국의 종교가 되면서, 몇몇 사람들은 이러한 상황을 고대하던 하느님 나라의 도래라고 여기게 됩니다. 지상에 천국이 실현되었다고 믿은 것이지요. 당시의 수도승들은 이 상황을 매우 심각하게 받아들였습니다.

로마 제국에 의해 천국이 지상에 실현되었다고 믿었다면, 로마 황제는 천국을 주재主宰하는 신처럼 여겼겠군요.

그렇습니다. 점점 더 많은 사람이 그런 생각에 빠져들기 시작합니다. 로마 제국이 하느님 나라라면 제국의 수장은 하느님이 되고, 제국의 시민은 하느님 나라의 시민이 되는 셈입니다.

우리는 이런 상황을 계속해서 마주하게 될 것입니다. 실제로 당시 그리스도인들은 로마 제국의 황제를 신성한 존재로 추앙했습니다. 심지어 그를 새로운 모세다, 새로운 다윗이다 하면서 따랐다고 합니다. 이런 상황을 수도승들은 보고만 있을 수 없었습니다. 그들은 사람들을 올바른 신앙으로 이끌기 위해 용기를 냈습니다.

   수도승들은 그리스도의 재림을 기다리며 깨어 기도하고 모진 박해도 이겨 냈던 그리스도교 신자들의 열정이 식어 버린 현실을 안타까워했습니다. 거기에다 교회의 권위마저 세상 권력에 빼앗겨 버린 상황에서, 그들은 세속의 흐름에 휩쓸리지 않아야 한다고 외치며 신자들의 마음을 돌리고자 애씁니다. 하느님 나라는 제국이 아니라 신앙 안에 있기 때문입니다. 게다가 제국의 수장이 신격화된 곳에서는 결코 온전한 신앙을 지킬 수도, 참된 하느님 나라를 찾을 수도 없었으니까요.

   수도승들은 하느님 나라를 향한 참된 신앙을 삶으로 증거하고자 새로운 자리를 마련합니다. 그들은 마치 이스라엘 백성이 이집트를 탈출하듯, 세속을 떠나 사막에서 홀로 수행하며 하느님을 찾는 은수 생활을 시작합니다. 세상 것을 움켜쥔 손을 펴고 자유로운 빈손으로, 오직 그리스도만을 따르며 sequela Christi 살아가고자 했습니다. 그들은 세속화된 교회와 세상을 피해 그리스도와 하나 되어 하느님 나라를 미리 맛보고 싶은 종말론적 희망과 열망으로 가득 찼습니다. 그들의 수도 생활은 종말론적 신앙과 영성에 기초한 것이었습니다.

요아킴의 생애

요아킴의 하느님 체험을 중심으로 그의 삶을 나눠 보면 좋겠습니다. 1157년 20대 초반의 요아킴은 예루살렘 성지를 순례합니다. 그는 예수님께서 거룩하게 변모하신 타보르산에 올라 기도하던 중, 말로 설명할 수 없는 깊은 신비 체험을 합니다. 그는 이 체험을 통해 어려운 성경의 의미를 이해할 수 있는 능력을 얻었다고 믿습니다. 자신에게 하느님 말씀의 의미를 깨닫는 빛이 주어졌다며, 삼위일체 하느님의 신비를 이해할 수 있게 되었다고 확신합니다.

그는 순례자였지만 그곳을 떠나고 않고, 계속 기도하기를 원했습니다. 마침 그는 동방의 수도 생활에도 매료되어 있었습니다. 그래서 세속을 떠나 은수의 삶을 살기 위해 에트나산山에 있는 수도원 근처 작은 동굴로 들어가기로 결심합니다. 하지만 그곳에 오래 머물지 않고 몇 차례 암자를 옮겨 가며 고행 생활을 이어 갑니다.

시간이 흐른 뒤 요아킴은 암자에서 내려와 이탈리아 코센자 지역의 베네딕토 엄률 수도회인 삼부치나Sambucina의 시토회에서 손님으로 지냅니다. 그는 당장에 수도원 입회를 결정하지는 않았어요. 오히려 떠돌아다니며 사람들에게 자신의 체험을 전했고, 사람들은 요아킴의 카리스마 있는 설교에 매료되었습니다. 사람들은 그의 말을 더 듣기를 원했고, 그는 점차 설교가로 사람들에게 알려집니다.

소문을 들은 카탄자로Catanzaro 지역의 주교가 요아킴에게 사제 수품을 권유합니다. 하지만 요아킴은 주교의 뜻을 거부합니다. 그는 그 후에 코랏죠Corazzo에 있는 수도원에서 덕행이 뛰어난 한 수도승을 만나 깊은 감명을 받고 그길로 수도원에 입회합니다.

요아킴의 명성은 나날이 높아 갔습니다. 입회한 지 얼마 되지 않아 수도원의 영적 스승이라 불리는 아빠스로 선출되어 수도원을 이끌게 됩니다. 그 소임에 충실하면서도, 그는 하느님을 만나고 체험하는 영적 엄격함을 잊지 않으려고 애씁니다. 그는 수도승 생활 초기에 체험한 엄률 시토회의 규율을 이상으로 떠올리며 그러한 삶을 살아가고자 노력했어요.

요아킴은 계속해서 관상 기도에서 하느님 현존을 체험했고 이 기도 체험들을 기록한 책 몇 권이 지금까지 전해집니다.

요아킴의 저술들

🗣 요아킴에게는 특별한 하느님 체험이었나 봐요?

👤 요아킴은 기도 안에서 구약성경과 신약성경이 연결되는 일치점과 요한묵시록을 이해할 수 있는 신적 조명Divine illumination을 체험하고, 삼위일체 하느님을 이해할 수 있게 되었다고 자신의 영적 체험을 설명합니다.

이 체험을 통해 저술한 세 권의 책은 모두 요아킴의 주요 저작입니다. 첫째는 성경 주석을 담은 《신약과 구약의 화합서Concordia Novi ac Veteris Testamenti》이고, 둘째는 요한묵시록을 해석한 《묵시록 해설Expositio in Apocalypsim》, 마지막은 시편을 주석하면서 삼위일체의 신비를 설명한 《십현금 시편Psalterium decem chordarum》입니다.

🗣 하나같이 성경에 관한 내용이군요. 신적 조명을 받아 쓴 책이라니 이 책들을 보면 성경과 삼위일체 신비를 알 수 있을까요?

👤 이것이 우리에게 다가오는 유혹입니다. 하느님이 보이지 않아 답답하다고 해서 하느님의 형상을 만들어 버리면 그분은 이미 하느님이 아닙니다. 하느님은 결코 인간의 지각으로 파악할 수 있는 분이 아닙니다. 인간의 감각으로 닿을 수 없는 무한하고 전지전능하신 분입니다. 요

아킴의 기도와 저술도 하느님 신비에 다가가려는 노력이어야지, 하느님 신비를 정복하려는 인간의 교만에서 비롯한 것은 아니었어야 합니다.

하지만 요아킴은 이후에 교회 안에서 다양한 문제를 일으킵니다. 그의 설교와 저술들이 사람들에게는 다소 자극적이었고, 그 말을 들은 사람들이 계속 사람들을 불러모으며 파장은 커 갔습니다. 그의 설교와 책에는 신자들이 성경을 해석하고 삼위일체를 이해하는 데에 있어, 오해할 만한 위험한 요소들이 있었습니다.

2. 요아킴의 주장: 선명한 하느님 상을 찾아서

구원의 역사와 때에 대해 살펴보았던 앞의 이야기들을 떠올려 봅시다. 그리스도교 신앙에서 우리가 고백하는 하느님은 '역사에 개입하는 하느님'이십니다. 하느님께서는 역사 안에서 당신을 만날 수 있는 기회를 인간에게 주시고, 우리는 하느님을 만남으로써 구원을 체험합니다. 그런 체험이 없다고요? 아닐 것입니다. 삶의 여정을 천천히 돌아보면 그 안에 하느님의 구원 체험이 크고 작게 자리하고 있음을 깨닫게 될 것입니다. 이처럼 우리는 각자의 삶에서 하느님의 역사하심을 체험하고, 하느님께서 영원히 나를 떠나지 않으시리라는 희망 안에서 그분과의 일치할 날을 기다립니다. 어쩌면 그것이 우리 삶의 여정인 것이지요.

앞부분에서 우리는 하느님의 구원 여정을 단편적으로 이해했던 한 사람을 만났습니다. 과거, 현재, 미래라는 시간 개념을 가지고 살아가는 우리는 하느님께서 예전에도, 지금도, 그리고 앞으로도 우리를 한결같이 구원으로 이끌어 주시리라고 믿습니다. 하지만 요아킴은 이러한 구원 역사가 연속되지 않고 분리된 과정이라고 설명합니다. 그는 오직 미래에 초점을 맞추고 다가올 날을 궁금해했습니다. 그만큼 구원에 대한 기대가 컸던 것이지요. 하지만 그 기대가 지나쳐, 미래의 일을 마치 그림처럼 선명하게 보고자 했습니다. 하느님은 인간이 생각하는 대로 짜 맞출 수 없는 분이시기 때문에 요아킴의 노력은 하느님의 뜻과는 동떨어진 것이었습니다. 그러나 환상에 지나지 않는 그의 주장은 사람들을 혼란에 빠뜨렸습니다.

장면을 선명히 보기 위해 카메라 렌즈를 이리저리 돌려 초점을 맞추듯, 요아킴은 그 과정을 계속해 나갔습니다. 미래에 있을 구원, 하느님 나라의 선명한 상像을 찾기 위해 성경을 읽었던 그의 이야기를 이어 가겠습니다.

요아킴의 구원 역사 이해

🧑 그리스도교 신앙에서 구원의 역사는 일직선의 방향을 지닌다고 볼 수 있습니다. '하느님께서는 시작이시며 마침이시다'라는 말을 들어본 적이 있으시지요? 우리가 알파Α라고 말하는 영원의 시작으로부터, 마지막 완성이라고 말하는 오메가Ω에 이르기까지 구원 역사는 한 방향으로 나아갑니다. 그 시작에 하느님의 세상 창조가 있습니다. 구약시대를 거쳐 예수님의 강생과 죽음, 부활과 재림을 통한 종말의 완성에 이르는 구원 역사의 흐름이 지금도 이어지고 있습니다. 그 흐름 속에서 지금 이 순간은 점 하나일 테지만, 하느님의 구원 역사에 속한 중요한 한 점이라고도 생각해 볼 수 있습니다. 구원 역사에 대한 요아킴의 이해는 이러한 직선적 시간 개념에서 구체적으로 나타납니다.

👥 요아킴은 구약성경과 신약성경을 통해 구원 역사의 완성인 미래를 볼 수 있다고 기대했나 봅니다.

🧑 그는 성경을 통해 과거와 미래를 보기 원했고 그래서 성경 말씀 해석에 관심을 쏟았습니다. 그에게 성경에서의 과거는 구약의 역사였고, 미래는 신약성경의 말씀들이었지요. 그래서 구약과 신약을 비교해 가면서 과거의 일이 미래에 어떻게 나타났고 성경이 어떻게 증언하는지 연구

합니다. 그런데 요아킴의 눈에 구약성경과 신약성경은 서로 기가 막히게 호응이 되는 아주 잘 짜맞춰진 두 책으로 읽혔어요. 예를 들어 구약의 파스카 사건은 예수 그리스도의 수난과 죽음, 부활을 통해 새로운 파스카로 완성됩니다. 그래서 구약의 역사가 신약의 역사에서 이루어졌다고 해석합니다. 하지만 여기서 멈추지 않고, 신약의 역사가 다가올 미래의 역사를 예견하고 있을지 모른다는 생각에, 새로운 파스카 사건이 발생하리라고 기대합니다. 자신의 성경 해석 능력으로 그것을 밝혀낼 수 있다면서요. 그 기대는 요한묵시록을 해석하면서 고조되었습니다.

하지만 그러한 해석은 점차 논란에 휩싸입니다. 요아킴에게 성경은 하느님의 역사를 알 수 있는 유일한 열쇠였습니다. 하지만 그가 교회의 전통적인 해석에서 벗어나 성경을 급진적으로 해석하면서 논란이 커집니다.

'성경을 통해 하느님께서 늘 우리에게 역사하심을 고백할 수 있다'는 말과 '성경을 알아야 역사하심을 알 수 있다'라는 말의 차이가 느껴지나요?

먼저 말은 신앙 고백에 가깝고 뒷말은 지나친 단언 같아요.

그렇지요. '성경을 통해 하느님을 알고 만나고 기도할 수 있다'는 말과 '성경에는 구원 역사의 비밀이 감추어져 있어서 성경을 모르면 그 비밀을 알 수 없다'는 말이 다른 것과 마찬가지입니다. 안타깝게도 요아킴의 말은 후대로 갈수록 급진적으로 해석되었습니다. 아무리 요아킴의 의도가 아니었다고 해도, 그의 성경 해석 방법에는 분명 문제가 있었습니다. 최근 유사 종교들에서 문제시되는 성경 해석 방법처럼, 요아킴도 성경을 지식의 유일한 원천이요, 역사의 숨겨진 의미를 이해하는 유일한 열쇠로 생각했습니다. 그는 종말의 징조를 알리는 근거로 성경을 해석하고 가르쳐 혼란을 야기합니다.

종말에 대한 두려움을 조장하는 유사 종교의 자칭 예언가들과 비슷한 결과를 초래한 것 아닌가요?

요아킴이 교회의 복음적 삶과 수도회 쇄신의 근거를 성경에서 찾고자 애썼다고는 하지만, 그의 말은 종말에 대한 부정적 인식을 심어 주는 예언처럼 파급되었습니다.

문제가 된 해석들을 한번 살펴볼까요? 요아킴은 구약성경과 신약성경의 인물, 사건, 계약, 지형 등이 반복된다는 점에 주목하여 과거의 것이 지금, 지금의 것이 미래에 반복된다는 평행 이론으로 성경을 해석합니다. 하느님의 역사를 상태의 변화로 이해하고, 구원을 삼위일체의 위격에 따라 구분하지요.

바로 여기서 문제가 불거집니다. 곧, 성부는 첫째 상

태, 성자는 둘째 상태, 성령은 셋째 상태를 이루는데, 첫째 상태는 구약, 둘째 상태는 신약, 그리고 셋째 상태는 우리가 기다리고 있는 다가올 영광의 상태라고 하기 때문입니다. 상태의 변화는 시대의 변화라면서 구약은 성부의 시대, 신약은 성자의 시대, 다가올 날은 성령의 시대라고 설명합니다.

하느님의 역사는 세 부분으로 구분되고, 하느님도 세 분으로 나뉜다는 말 같은데요. 신약이 성자의 시대였다면 지금 시대에는 성자가 안 계신다는 건가요? 신경에서 성부, 성자, 성령을 한 하느님으로 고백하고 교리도 그렇게 배웠는데, 삼위일체의 세 위격을 시대로 나누는 것이 가능한가요?

구원 역사에 대한 요아킴의 삼위일체론적 성찰

아주 정확한 지적입니다. 사도신경과 니케아-콘스탄티노폴리스 신경을 떠올려 보면 요아킴이 주장한 삼위일체 해석은 커다란 오류를 범하고 있음을 알 수 있습니다. 또, 지금을 '성령의 시대'라고 말하면서 성령이 내리시기를 청한다는 소위 성령주의자들의 태도도 이와 연결 지어 생각해 볼 수 있습니다.

🧑‍🤝‍🧑 역시 삼위일체는 이해하기 어려운 것 같아요. 하나이지만 구분되는 세 위격의 삼위일체 하느님을 어떻게 표현하고 설명할 수 있을지 모르겠습니다.

🧑 삼위일체가 이해되지 않는다고 자책할 필요 없습니다. 이해하기 어려운 것은 지극히 당연합니다. 하느님을 어찌 우리가 다 이해할 수 있겠어요? 그리고 우리가 하느님을 안다고 한들 어찌 '우리가 아는 그것이 하느님의 전부'라고 말할 수 있겠어요? 삼위일체를 이해하기 어려웠던 것은 우리만이 아닙니다. 아우구스티누스 성인 역시 그것을 이해하기 위해 고심했습니다. 그에 관한 일화가 있습니다.

어떻게 세 위격이 같은 하느님일 수 있는지 고민에 빠진 아우구스티누스가 답답함에 머리를 식히고자 바닷가를 산책하다가 한 아이를 발견합니다. 아이는 모래밭에 구멍을 파고 조개껍질로 바닷물을 옮겨 넣고 있었어요. 이를 의아하게 여긴 아우구스티누스는 아이에게 왜 그런 행동을 하느냐고 묻습니다. 그러자 아이는 바닷물을 구멍에 다 옮겨 담으려 한다고 대답합니다. 아이가 아무리 구멍을 크게 파고, 더 큰 바가지로 바닷물을 떠 담는다고 한들 어찌 바다가 그 구멍에 옮겨 담길 수 있겠어요? 그래서 아우구스티누스는 아이의 순수함에 깃든 어리석음을 지적합니다. 그러자 아이는 어른인 당신이 그토록 이해하고자 한 그 신비도 결국 머리에 다 담을 수 없을 것이라 대꾸하고 이내 사라졌다고 합니다.

역시 인간이 삼위일체의 신비를 이해하기는 불가능한가 봅니다.

너무 실망할 필요는 없습니다. 이해할 수 없다고 '무조건 믿어라' 하고 요구할 수만은 없지요. 그 신비에 더 가까이 다가가려고 노력해야 합니다. 교회도 그렇게 노력해 왔습니다. 삼위의 하느님은 영원으로부터 존재하는 서로 다른 위격이시지만, 일치의 관계를 이루고 계신다는 점을 신학에서는 '내재적 삼위일체'라고 설명합니다. 예를 들어, 아우구스티누스는 삼위일체를 사랑의 관계로 해석하며 성부, 성자, 성령을 각각 사랑하는 분, 사랑받는 분, 사랑 그 자체로 해석했습니다. 삼위일체를 이해하는 또 다른 차원은 구원 역사 안에서 그것을 살펴보는 것입니다. 하느님께서는 인간 역사 안에서 성부, 성자, 성령으로 당신 자신을 드러내 보이시고 구원을 실현하시는데, 이를 신학에서는 '구원경륜經綸적 삼위일체'라고 설명합니다.

요아킴의 주장은 어느 쪽으로도 설명하기 어려운 것 같아요.

요아킴은 삼위일체를 자신의 환시 체험으로 깨달았다고 주장했습니다. 그의 삼위일체론은 1215년 제4차 라테란 공의회에서 단죄를 받았지만 지금까지도 성령중심주의 이단 분파에서 그와 비슷한 이론을 펼치기도 해 안타깝습니다.

성령의 시대

그렇다면 삼위일체와 시대 구분을 어떻게 이해해야 할까요?

결론만 말하면, 구원 역사 안에서 삼위일체의 어떤 위격도 분리할 수 없다는 점을 기억해야 합니다. 곧, 삼위일체 하느님은 구약시대에도 함께 계셨고, 예수 그리스도의 강생과 죽음, 부활에서도 분리된 적이 없으십니다. 지금은 성령의 시대가 아니라 삼위일체 하느님이 이끄시고 함께하시는 구원 역사의 한 지점입니다. 성령은 창조 때나 예수님의 강생 때, 혹은 부활과 성령강림 때만 나타났다가 사라지신 것이 아닙니다. 삼위일체의 제3위격으로서 성부, 성자와 영원으로부터 항상 함께하셨던 한 하느님이시기에, 우리는 미래의 어느 날 성령이 도래하리라 헛되이 기다릴 필요가 없습니다. 따라서 '지금이 성령의 시대다'라는 말도 잘못된 표현입니다.

🧑‍🤝‍🧑 요즘도 그런 말을 간혹 듣습니다.

👨‍🏫 지금도 종종 쓰이지만 구원 역사의 특별한 계시 경륜을 설명하기 위해서 성부와 성자와 성령을 상태와 시대로 구분하면 삼위를 분리하는 오류에 빠지지요. 이런 오해의 원인은 요아킴이 제공했다고 볼 수 있습니다.

요아킴은 성부, 성자, 성령의 시대를 나누고, 다가올 성령의 시대에는 감추어진 복음의 신비가 밝히 드러날 것이라고 기대했습니다. 셋째 상태 곧, 성령의 시대에 성령께서 인간에게 영적 지식을 가져다줄 것이라 믿었기 때문입니다. 그래서 그 시대에는 우리가 궁금해했던 성경의 모든 의미가 밝혀지고, 더 이상 상징과 같은 도움 없이도 본래의 의미를 알게 되리라고 주장했습니다.

3. 요아킴의 꿈: 영적인 교회

👨‍🏫 요아킴은 복음을 충실히 따르는 삶, 나아가 복음을 실현하는 삶을 꿈꾸었습니다. 당시의 교회는 안팎으로 혼란

스러웠습니다. 그는 다양한 이단과 이교의 대두, 십자군 원정, 그리고 교황과 세속 군주 사이에 벌어진 정치적 결탁과 갈등 등을 지켜봐야 했습니다.

👥 하느님 안에서 복음적으로 살기를 원했던 요아킴에게는 교회가 직면한 혼란이 자극이 되었겠어요.

👤 요아킴은 이 혼란스러운 역사를 하느님께서 직접 변화시켜 주시기를 기대했습니다. 물론 하느님은 언제나 함께하시며 교회를 이끌어 주시지만, 요아킴이 바랐던 구원의 모습은 하느님께서 역사의 사건들에 지팡이를 들고 직접 개입하시는 것이었습니다. 그는 그때를 기다렸습니다.

👥 요아킴은 하느님의 심판을 기대한 건가요? 그렇다면 그가 생각한 하느님의 자비는 무엇이었을까요? 하느님은 인간의 부족한 행실에도 불구하고 기다려 주시고 용서해 주시는 자비하신 하느님인데 말이에요.

👤 요아킴은 고집스런 개혁의 주창자였던 것 같습니다. 그는 하느님께서 역사에 직접 개입하셔야만 부족한 인간의 역사가 끝나고, 교회가 쇄신될 수 있다고 생각합니다. 그는 그런 시대가 다가오기를 기대하고, 곧 올 것이라 믿습니다. 그리고 그 시대를 맞이하기 위해 신자들이 해야 할 몫은 온전히 복음을 따라 청빈하게 살아가는 것이라고 주장합니다. 요아킴은 이러한 설교로 사람들의 신앙

에 자극을 주어, 교회가 쇄신과 변화의 길을 걸어야 한다고 가르칩니다. 복음적 가난의 삶으로 다가올 시대를 준비하고 맞이한다면 그때에 편안한 안식을 누릴 수 있다고 선포합니다. 당시 요아킴의 주장에 따르면, 성령의 시대는 곧 지상에 도래할 것이고, 하느님의 계획이 이 땅 위에 구체적으로 실현될 것이었습니다.

이것이 요아킴이 말하는 천년왕국설인가요?

요아킴의 생각은 다분히 천년왕국설과 같은 일면을 지닙니다. 그는 현재의 역사가 변화하는 지상을 넘어서는 천상적 차원의 도래를 기다렸습니다. 그날에 하느님의 계획이 이 땅에 구체적으로 실현되며, 그 나라는 다가올 하느님 나라의 앞선 형태일 것이라고 주장했지요.

천년왕국설을 비판하고 바로잡았던 아우구스티누스의 노력이 물거품이 된 것 같아 안타깝습니다.

아우구스티누스가 올바른 종말신앙과 교회에 대한 이해를 정리해 주었는데, 그의 명쾌한 해설이 잊히고 또다시 사람들은 술렁이기 시작합니다. '회개하고 깨어 하느님 나라를 기다려야 한다'는 복음 말씀과 '가난의 삶으로 복음을 실천하자'는 복음 실천의 격려가 선동적인 말들로 바뀝니다. '곧 지상에 하느님 나라가 임할 것이니 지금 우리의 행실로는 안 된다!' '성령이 역사하시는 성령의 시대가 곧 도래하리니, 교회를 개혁해야 한다.' 이 말들이 퍼져 나간 것이 그 원인이지요.

변질되어 가는 요아킴의 과도한 기대

요아킴은 천년왕국이 지상에 도래하는 때가 임박했다고 주장합니다. 그때에는 그리스도를 가까이서, 완전히 체험할 수 있고 수도승 삶의 본질도 실현된다고 하지요. 그래서 마치 전쟁을 준비하는 전사처럼, 곧 도래할 새 시대를 맞이하기 위한 준비가 필요하다고 말합니다. 베네딕토회 수도승인 그는 그 준비로 더욱 엄격한 수도 규칙을 준수하도록 가르치고, 관상적 삶에 몰두하도록 재촉합니다. 그것을 누구보다 먼저 따라야 했던 사람들은 자신의 수도원에 있는 수사들이었습니다.

요아킴은 수도자들을 영적 군사로 여기면서, 그들이 성자의 시대 후반부와 성령의 시대 전반부를 이룬다고 말합니다. 결국 그는 다시 시대를 구분하면서 교회의 가르침에서 멀어져 갔습니다.

4. 요아킴의 영향과 평가

분리가 낳은 분열

요아킴의 이야기를 듣다 보면 그가 참된 그리스도인으로 살려는 열망과 성덕이 깊은 수도승처럼 보이다가도, 사람들을 선동하는 이론으로 공동체에 혼란과 분열을 가져오는 사람처럼 보이기도 합니다.

요아킴의 이론이 수도회의 쇄신과 변화를 지향했다지만, 다른 한편으로는 불순한 뜻을 품은 사람들에게 쉽게 이용되기도 했습니다. 기존의 교회를 무조건 비판하고, 무너뜨리려는 사람들이 대표적이었지요. 그들은 요아킴의 이론을 토대로 자신들의 공동체가 다가올 하느님 나라, 곧 천년왕국이며, 자신들이 전투에서 승리할 것이라는 식의 주장을 펼칩니다.

이들의 주장은 점점 격렬해집니다. 자기 스스로를 혁명가, 영적 군사라고 여기며 교회에서 갈라져 나가려 한 것이지요. 그들은 요아킴의 투쟁적 어조를 십분 받아들였습니다. 요아킴은 천상에서 이루어질 하느님 나라를 지상으로 앞당기기 위하여 투쟁해야 한다고 했지요. 그런데 하느님 나라를 향한 영적 투쟁이 실제 전쟁이 되어 버리고 맙니다. 곧 하느님 나라가 완성되기 위해서 먼저 천년왕국을 탈환해야 한다고 생각한 이들이 나타난 것이지요. 이후 교회와 대립하고 실제 전투로 이어지는 극단적 상황이 벌어집니다.

요아킴의 나비효과

요아킴은 1202년에 삶을 마감합니다. 하지만 그의 주장은 유럽 곳곳으로 빠르게 퍼져 나갑니다. '나비효과'를 아시지요? 나비의 미세한 날갯짓 한 번이 지구 반대편에 태풍을 일으킬 수 있다는, 작은 움직임이 예상치 못한 결과나 파장을 불러온다는 의미입니다. 요아킴의 천년왕국설 역시 이후 역사에서 강력한 태풍이 되어 돌아옵니다.

요아킴의 사상이 이렇게 크게 영향을 미칠 수 있었던 이유는 무엇인가요?

먼저 우리는 요아킴 사상이 확산되기 시작한 시대를 살펴보아야 합니다. 12세기 후반의 유럽은 다양한 변화 속에 놓여 있었습니다. 농업 생산량이 증가하고 도시가 발달하면서 경제가 성장하고 예술과 학문이 발전했습니다. 그와 더불어 교회의 규모도 커지고 교회 건물을 확장하는 사업들도 진행되었지요. 그러나 한편으로는, 교회가 세속의 권력에 종속된 상태로 부패하기도 했습니다. 이를 묵과할 수 없었던 이들은 이른바 '그레고리오 개혁'과 연이은 개혁들을 통해 교회를 황제의 권력에서 분리시키려 했습니다.

13세기 이후 봉건 제도가 쇠퇴하고 자유를 얻은 농노들은 민주적 성격을 지닌 사회 공동체를 만들었습니다. 여기에 화폐 경제가 발전하면서 사회는 개방적이고 활동적인 모습으로 변화됩니다. 도시마다 학교가 세워지고, 수도원에서 이루어지던 문화와 교육이 사회 전체로 확산되면서 사람들은 수도원보다는 사회단체로부터 영향을 받기 시작합니다.

변화하는 세상을 바라보면서 수도회도 조직의 변화를 위한 새로운 시도를 합니다. 이는 단지 위기의식에서 비롯된 것이 아니라, 교회 쇄신이 필요하다는 자각에서 촉발된 움직임이었습니다. 이런 분위기 속에 5세기 무렵 사라졌던 이단 사상들이 다시 고개를 들기 시작합니다.

탁발 수도회와 청빈 운동

🙇 사회 변화의 요청에 부응하면서도, 복음의 뜻에 따라 교회를 쇄신하고자 한 이들이 모여 탁발 수도회를 만들기도 했습니다.

👥 탁발 수도회요? 탁발은 불교에서 구걸을 하며 수행하는 것 아닌가요?

🙇 우리는 탁발의 삶을 불교를 통해서 알고 있지만 그리스도교 안에도 탁발 수도 생활이 있습니다. 프란치스코회, 도미니코회, 가르멜회, 아우구스티노회 등이 그러하지요. 탁발 수도회는 재산을 소유하지 않고 구걸과 기부에 의지하면서, 영성 생활을 하고 사도직을 수행하였습니다.

베드로 발두스(1140-1206년경)는 복음적 청빈을 살고자 나선 이들 중 하나였습니다. 프랑스 리옹의 부유한 상인이었던 그는 가난한 이들에게 재산을 나누어 주고 철저히 가난한 생활을 실천했습니다. 하지만 발두스와 그 추종자들은 제도 교회와 극렬하게 대립했습니다. 그 결과 반교회적 이단으로 심판을 받았지요. 하지만 그들은 주장을 굽히기는커녕 자신들만이 진정한 성직자라고 주장하며 더욱 날을 세워 교회와 맞섰습니다.

👥 복음을 살아가고자 했지만, 진정한 복음인 사랑을 잃

고 교회에서 떨어져 나가고 말았군요. 안타깝습니다.

또 다른 쟁점을 일으킨 집단을 살펴보겠습니다. 바로 카타리파입니다. '카타리'는 '순수한, 순결한'이라는 뜻으로, 그들은 더 순수하고 철저하게 복음 정신으로 살고자 했습니다. 청빈한 삶에 대한 그들의 지향 자체는 훌륭했으나, 안타깝게도 그들은 교리적으로 마니교의 이원론 같은, 그리스도교 가르침에서 벗어난 이단의 주장들을 펼쳤습니다. 오직 자신들만이 참된 신앙인이고 그렇지 않은 사람들은 부패했다며 배척했지요. 이들은 당시 성직자들의 부패와 타락에 실망한 사람들에게 영향을 미쳤습니다. 카타리파가 주장하는 '완전한 사람들'이라는 의식과 청빈한 생활이 그들을 사로잡은 것이지요.

프란치스코(Franciscus Assisii, 1181?-1226)

앞서 복음적 가난을 지향했으나 빗나간 이들을 살펴보았다면, 이제 그 길을 올곧게 걸어간 이들을 주목해 보겠습니다. 가장 대표적인 탁발 수도회는 프란치스코회입니다. 이곳 수도자 중에도 요아킴 사상의 영향을 받고 오류에 빠진 사람들도 있었습니다. 하지만 우리가 잘 알고 있는 많은 프란치스코회 수도자들은 복음적 청빈과 하느님 나라를 갈망했습니다. 우리는 이들을 통해 천년왕국설에 대한 논쟁과 올바른 의미를 들여다볼 수 있습니다.

프란치스코 성인은 '가난'을 이야기할 때 늘 언급되는 성인이잖아요? 부자였던 청년이 가난한 삶을 선택하면서 교회 안에 큰 영향을 주었다고 알고 있습니다.

프란치스코 성인의 삶은 우리가 익히 들어 잘 알고 있지요. 성인은 부유한 가정에서 태어나 기사를 꿈꿨지만, 전투와 병으로 고통을 겪은 후, 삶의 의미를 근본적으로 고민하게 됩니다. 순례의 길을 떠났다가 돌아온 프란치스코는 자신이 가진 것을 모두 팔아 성당을 다시 짓는 데 봉헌하고, 오로지 하늘에 계신 아버지를 찾는 단순한 사랑의 삶을 살고자 했습니다. 그런 자신의 뜻을 설교로 전하기도 합니다.

단연 그의 목소리는 지역의 화제가 되었고, 사람들은 그의 이야기를 들으려 몰려들었습니다. 그런데 한편에서는 그를 시기하는 이들이 생겨나, 프란치스코와 그를 따르는 사람들의 생활 방식이 이단적이라고 비난했습니다. 당시에는 엄격한 청빈 생활에 심취하여 교회를 비판하고 개혁을 주장하면서 교회에서 분리된 이단들이 성행하고 있었거든요. 적대자들은 프란치스코도 그들과 같은 이단이라는 의혹을 퍼트렸습니다.

하지만 프란치스코의 순수한 믿음과 그를 따르는 탁발 수도승들의 청빈한 삶은 사람들의 마음에 울림을 주기에 충분했습니다. 그리하여 당시 교황 인노첸시오 3세는 프란치스코가 청한 수도회 설립 청원과 회칙을 칭찬과 격려로 인준합니다.

프란치스코는 교회의 예언자적 모습을 보여 주었다고 할 수 있습니다. 가난과 겸손, 그리고 복음대로 살고자 스스로 가진 모든 것을 버리고 탁발 수도 생활을 시작한 성인의 삶이 그 답이 될 수 있겠지요. 탁발 수도자들의 가난한 삶 이면에는 교회를 향한 쇄신의 열망이 있었음을 기억해야 합니다. 당시 그들은 그리스도교가 예루살렘을 탈환하기 위해 오랜 시간 끌어 온 십자군 전쟁 속에서 참된 열정을 잃어버린 신앙과 인간의 욕심에 맞섰습니다. 쇄신의 목소리를 앞세운 이단 사상이 범람했던 시대에, 그들은 교회를 향해 참된 복음의 정신으로 되돌아가자고 외쳤던 것입니다.

보나벤투라(Bonaventura, 1217?-1274)

프란치스코는 '전대에 금도 은도 구리 돈도 지니지 않고, 여행 보따리도 여벌 옷도 신발도 지팡이도 지니지 않아야'(마태 10,9-10 참조) 하는 이유를 "'하늘 나라가 가까이 왔다' 하고 선포"(마태 10,7)하기 위해서라고 말합니다. 하느님 나라를 찾는 종말론적 열정을 지닌 프란치스코를 따르는 수도회 형제들은 그의 사후에도, 교회를 하느님 나라의 모습으로 쇄신하려는 영적인 노력을 더해 갔습니다.

하지만 안타깝게도 프란치스코회 안에서도 영적 투쟁의 청빈 운동에 과도한 열정을 쏟아부으며, 프란치스코의 의도와는 다른 행동을 하는 이들이 생겨났습니다. 여기서 요아킴이 다시 등장합니다. 프란치스코회 회원 중에도 요아킴의 영향을 받은 이들이 있었습니다. 제라르도 Gerardo di Borgo San Donnino라는 인물은 요아킴의 요한묵시록 해석을 네 복음서와 같은 위치의 '복음'으로 받아들였고, 프란치스코를 또 한 명의 그리스도alter Christus라고 주장하는 등 그를 과도하게 추앙했습니다.

요아킴의 사상을 따르던 사람들은 계속해서 큰 문제를 일으켰습니다. 그들 가운데 몇몇은 요아킴이 말했던 '성령의 시대'만을 뽑아내어 자신들의 주장으로 삼았습니다. 그들은 성령의 시대가 곧 다가올 날을 예언한다고 믿으면서, 그 시대가 시작되면 기존의 교회는 사라지고 천년왕국이 지상에 건설될 것이라고 예언했습니다.

👥 프란치스코회에서 이 일을 지켜보기만 했나요?

🧑 이때 나선 사람이 바로 보나벤투라 성인이었습니다. 프란치스코의 삶에 매료되어 그를 따라 나선 보나벤투라는 뛰어난 학자였습니다. 그는 프란치스코회의 영성을 바르게 지켜 내기 위해 자신이 받은 탈렌트인 지성적 힘을 사용합니다. 그리하여 당시 요아킴 사상의 영향으로 소란스러웠던 프란치스코회를 바로잡는 데 큰 역할을 합니다.

보나벤투라는 요아킴 사상을 연구하여 올바른 뜻을 밝혀내려고 했는데, 핵심 작업은 앞에서 누차 지적한 요아킴의 시대 구분을 신학 연구로 비판한 것이었습니다. 그는 삼위일체의 구원경륜을 통해 시대를 이해하려 했던 요아킴의 시도가 성령을 '도래할' 하느님으로 만들면서, 세 위격을 갈라놓고 한 분이신 하느님을 세 하느님으로 분리했다고 지적합니다.

자, 이제 보나벤투라의 연구로 명확해졌습니다. 그러니 우리도 '성령의 시대'라는 말은 조심해서 사용해야 합니다. 자칫하다가는 요아킴처럼 존재 자체이시고 한 분이신 삼위일체 하느님의 구원 역사에서 성령이 계시지 않았던 시대가 있었으며, 지금은 성부와 성자는 존재하지 않는다는 식의 오류에 빠질 수 있습니다.

요아킴의 오류와 교회의 대응

교회는 요아킴의 사상에 어떻게 대처했나요?

교회의 교도권은 베드로 롬바르두스(1100-1160)라는 신학자를 비판한 요아킴의 주장을 공식적으로 지적했습니다. 제4차 라테란 공의회(1215)도 그를 비판하고 단죄했습니다. 요아킴의 사상은 삼위의 위격을 세 신神으로 분리해 버렸고, 지나치게 성령 중심적으로 흐르면서 성령을 제외한 다른 위격을 간과한 위험한 주장이라고 판단했습니다. 우리가 잘 알고 있는 '천사적 박사'인 토마스 아퀴나스(1224?-1274)도 요아킴의 삼위일체론과 묵시적인 기다림, 신구약 일치의 해석을 모두 비판하고 거부했습니다.

혼란의 기원이 된 요아킴

'성령의 시대'와 같은 주장이 아직도 유사 종교 이단

분파나 과도한 성령 운동 안에 남아 것을 보면, 요아킴의 주장이 지금도 영향을 미치고 있는 것 같아요.

🧏 그렇다고 볼 수 있습니다. 어쩌면 더욱 극단적이고 거센 주장이 되었는데, 특히 천년왕국설이 그렇습니다.

요아킴은 자신의 은수 생활을 통해 천국, 곧 하느님 나라가 '지금 여기서' 이루어지기를 바랐습니다. 우리가 사는 이 곳이 천국이라면 얼마나 행복하겠어요. 하지만 천년왕국설은 하느님의 영역인 천국을 인간적 차원인 지상의 장소와 시간으로 가두고, 또 그 나라에 들어갈 수 있는지의 여부를 인간이 판단한다고 주장합니다.

요아킴이 다시 불러일으킨 천년왕국설은 앞으로 우리가 살펴볼 시대의 다양한 사람들을 통해 더욱 격화되고 그럴듯하게 포장되어 사람들을 선동하는 데 이용됩니다. 그들은 요아킴 사상의 영향 아래 격양되어 교회 안에서 거칠게 행동하지요. 이제 그 역사를 살펴보겠습니다.

5장

그리스도교 공동체의 분열과 천년왕국설

사회가 혼란해지면
어떤 일이 일어날까요?

혼돈 속에서는 신념이 피어나고,
사람들은 새로운 세상을 꿈꿉니다.

공동체는 자꾸만 갈라져 갑니다. 하나의 공동체였는데 저마다 자신이 옳다고 주장하면서 뛰쳐나가는 사람들이 생겨납니다.

  1517년 10월 31일, 아우구스티노 수도회 사제였던 마르틴 루터는 가톨릭교회를 반박하는 95개 조항을 담은 대자보를 독일 비텐베르크 대성당 출입문 앞에 붙입니다. 우리는 이 순간부터 프로테스탄트 종교 개혁이 시작되었다고 알고 있지만, 종교 개혁이라는 이름으로 출발한 그리스도교의 분리는 루터 한 사람의 행보만으로, 그리고 그가 게시한 반박문만으로 벌어진 일은 아닙니다. 안타깝게도 그 이전부터 그리스도교 공동체는 갈라지기 시작했습니다. 하느님을 올바로 따르는 의인은 자신뿐이라는 확신에 차 있는 여러 인물이 교회에서 떨어져 나와 새로운 공동체를 만들었습니다.

  우리는 그중에서도 천년왕국설을 주장하며 자신들만

의 집단을 만든 이들을 만나 보겠습니다. 기존 교회에 대한 불만인지, 그들만의 야망인지 모를 속내를 지닌 천년왕국론자들은 새로운 하느님 왕국이 지상에 세워진다고 주장하면서 교회에서 갈라져 나와, 종말에 대한 하나의 프로파간다propaganda를 형성합니다. 하느님 나라를 희망한다고 하면서 자신만의 왕국을 펼치는 선동자가 된 것입니다.

자, 이제 많은 이들이 등장할 것입니다. 그리스도교 역사로 봤을 때는 안타까운 일이기도 합니다. 같은 그리스도교 신앙을 고백하다가 혁명이라는 이름으로 분파를 만든 역사가 지금도 계속 일어나고 있음을 잊지 않았으면 좋겠습니다. 아직도 우리 곁에는 이와 비슷한 방식으로 천년왕국설을 주장하며 우리의 신앙을 방해하는 그리스도교계 이단 분파들이 있습니다. 이 사실을 기억하면서 우리를 현혹하는 이들을 경계할 수 있는 기초를 튼튼히 다지기 바랍니다. 혹시라도 이들의 주장과 비슷한 이야기를 듣는다면, 그 이야기를 날카롭게 분별할 수 있기를 바랍니다. 이제부터 중세 이후 지상에 천년왕국을 세우고자 했던 이들의 이야기를 해 보겠습니다.

1. 혼돈과 분열의 시대

갈라진 프란치스코회

프란치스코 성인이 설립한 수도회의 주된 정신은 복음을 원칙으로 삼은 소수성minoritas과 가난pauperitas의 영성이라고 알려져 있습니다. 그들에게 수도원은 가난한 사람들의 공동체인 셈입니다. 그래서 세상 것에 집착하지 않고, 예수님과 그 제자들의 모습을 좇아 세상을 순례하며 복음을 전하는 삶을 살고자 했습니다. 이들의 겸손한 태도와 열렬한 신앙 생활은 그 시대 교회에 실망하고 있던 많은 이들에게 감동과 희망을 안겨 주었습니다. 교회의 쇄신과 선교에도 큰 영향을 끼쳤고요.

그런데 프란치스코회가 여러 갈래로 나뉘어 있다는 이야기를 들어 본 적 있나요? 프란치스코 성인이 수도회를 설립할 당시는 세속적으로 물들어 가는 교회를 비판하는 청빈 운동이 활발했고, 이 운동에 참여하던 이들 대부분이 이단적이고 반교회적인 사상과 결부되면서 교회로부터 파문되었음을 앞에서 살펴보았습니다.

프란치스코회는 달랐습니다. 참으로 교회를 복음 정

신으로 쇄신하기 위해 교회 안에서 청빈 운동을 펼치려 노력했으니까요. 이는 프란치스코 성인의 삶을 통해서 알 수 있습니다. 프란치스코처럼 가난을 실천하는 '작은 형제들'의 삶에 감동한 많은 사람들이 수도회를 찾아와 입회했고 프란치스코회의 회원은 크게 증가했습니다.

수도회가 커질수록 성인의 삶을 닮고자 노력하는 방식도 다양해졌습니다. 이들은 수도회에 배속되었으면서도 저마다의 방식으로 공동체를 세웁니다. 프란치스코회는 결국 외곽 지역이 아닌 도시 안에 살면서 복음을 전파하고 가난한 이들에게 봉사하는 '꼰벤뚜알Conventuali'과 더 엄격한 가난과 은수자적 삶을 강조하며 후에 엄수파(옵세르반티Observanti)라고도 불리는 영성파Spirituali로 나뉘었습니다.

이렇게 프란치스코회 수도자들이 둘로 분리되는 과정을 지켜본 당시 교황들은 이들을 다시 결합하려고 노력합니다. 아무래도 같은 지향을 가진 이들이 한 공동체로 모여야 프란치스코 성인의 영성을 살아가는 데 더 큰 효과를 발휘할 수 있을 테니까요. 그러나 교황의 노력은 결실을 얻지 못합니다. 결국 16세기에 프란치스코회는 공식적으로 '꼰벤뚜알'과 '옵세르반티 작은 형제회'라는 두 공동체로 분리됩니다. 여기에 옵세르반티 작은 형제회에서 출발한 또 다른 개혁 운동의 결과로 카푸친 Cappuccini 공동체가 나옵니다.

베드로 올리비(Pietro di Giovanni Olivi, 1248-1298)

프란치스코회가 꼰벤뚜알과 영성파로 나뉠 때, 프란치스코 영성파의 주역이 된 사람은 베드로 올리비입니다. 그는 프란치스코 성인의 삶을 엄격히 따라 살면서 수도회의 쇄신과 개혁에 앞장섰지요.

처음 들어보는 이름인데요?

잘 알려지지 않은 이 인물에 주목해야 하는 이유는 그가 피오레의 요아킴과 관련이 있기 때문입니다. 베드로 올리비는 요아킴의 영향을 받아 천년왕국설을 확산시켰습니다. 천년왕국설을 공동체 분리의 수단으로 삼은 올리비라는 인물이 어떤 내용을 설교했는지 함께 알아봅시다.

천년왕국설을 주장하던 올리비의 초기 생각은 순수했다고도 볼 수 있습니다. 그는 그리스도의 복음과 일치된 프란치스코의 삶을 찬양하면서 성인을 더욱 깊이 따르고자 노력했습니다. 올리비는 성경에도 관심이 많았습니다. 성경을 통해서 복음을 충실히 따르는 삶을 발견할 수 있다고 생각했지요. 그는 프란치스코회의 영성에 기초하여 성경을 탐구하던 중 요아킴의 사상에 깊이 빠집니다. 올리비는 현시대는 구원 역사 안에서 복음의 규칙을 확고히 새기고 가난하게 살아가며 미래를 준비할 때라고 가르칩니다.

올리비는 이 설교를 위해 프란치스코회가 지닌 종말론적 역할을 강조합니다. 그는 요한묵시록을 해설하면서 현실의 교회는 악에 물들어 있는 바빌론과 다름없으며, 영적인 사람들을 오히려 박해하고 있다고 개탄합니다. 그러면서 그리스도께서 이런 부조리한 시대를 끝내고자 세상을 멸망시킬 것이라고 예언합니다. 그때 영적인 사람 몇 명만이 지상에서 왕국을 물려받고, 그러기 위해 전투가 벌어질 것이라 주장하지요. 그 전투란 지금의 부패한 교회 안에서 벌어지는 선과 악의 대결이고, 이 대결의 승자는 완전한 가난을 실천하는 이들이라고 못박습니다. 그는 자신의 공동체야말로 복음 정신과 프란치스코의 삶을 따르며 완전한 가난을 실천한다고 생각했습니다. 그래서 자신들만이 새로운 시대를 맞이하리라 믿었지요. 그는 요아킴의 세 시대 구분에 착안해서, 그리스도께서 세 차례 도래한다고 주장합니다. 그리스도는 처음에는 육화로 도래했고, 두 번째는 영으로 도래했으며, 마지막 날에 세 번째로 도래한다는 것입니다.

🙋 '영으로 두 번째 도래했다'? 요즘 이단들이 하는 말 아닌가요? 예수의 영이 교주에게 임해서 그가 이 땅에 재림한 예수가 되었다는 주장 말이에요!

👨 맞습니다. 이제 우리가 나눌 이야기들이 천년왕국설에 기초한 현대 유사 종교 이단 분파들의 특징과 같다는 것을 알게 될 것입니다.

올리비는 프란치스코 성인에게 그리스도의 영이 내렸다고 믿었습니다. 교회가 저지르는 악행을 정화하기 위해 성인이 가난과 겸손을 실천했다고 생각합니다. 그의 말대로라면 교회는 프란치스코 성인으로 인해 새로운 단계를 맞이한 것입니다.

그는 여기서 멈추지 않습니다. 프란치스코 성인은 마지막에 도래할 그리스도를 알리는, 곧 그리스도의 영을 받은 사람이라며 그를 따르라고 사람들을 불러 모읍니다. 프란치스코 성인을 따르는 사람들은 교회의 안식기가 찾아올 때까지 선과 악의 싸움에 힘써야 한다고 선동하고요. 올리비의 주장에 따르면 교회의 안식기가 찾아오면 그리스도의 적은 파멸되고, 프란치스코 성인을 따르던 영적인 사람들이 이 땅을 지배할 것이기 때문입니다.

🙋 천사가 사탄을 물리쳐 지하에 가두고, 천 년 통치가

이루어지고 난 후에 새 하늘 새 땅이 도래하리라는 천년왕국설을 그대로 반복하는 것 같은데요.

🧑 올리비는 '천 년'의 구체적 기간을 설정하지 않았지만, 그의 주장은 프란치스코 영성파에 적잖은 영향을 줍니다. 그가 세상을 떠난 이후에도 제자들 사이에서 반향을 불러일으켰지요. 그리하여 시대를 비판하면서 등장한 혁명적이고 개혁적인 천년왕국 운동과 예언주의가 형성되는 데 일조합니다.

물론 지금의 프란치스코회가 천년왕국설의 분파라고 오해해서는 안 됩니다. 프란치스코회에 속한 한 사람이 그런 영향을 받았고, 복음적 가난을 지향한 청빈 운동이 천년왕국 운동과 어떻게 결합되었는지를 살펴본 것이니까요.

중세 유럽을 위협한 흑사병

🧑 천년왕국설 분파들은 13-14세기 무렵에 성행했습니다. 요아킴의 이론을 변형하고 극단으로 끌고 간 이들이 이룬 집단이 가톨릭교회에서 갈라져 나갔습니다.

👥 천년왕국을 꿈꿨던 이들은 자주 개혁과 쇄신을 이야

기하면서 교회를 비판해 왔는데, 그들도 그랬나요?

천년왕국설을 기축으로 개혁과 쇄신을 표방한 분파들의 형성 원인을 잘 이해하고 있군요. 개혁과 쇄신의 의지가 교회를 분리시키고 결국에는 이단이 되기도 했으니까요. 13-14세기 유럽을 공포에 몰아넣은 사건을 아시나요?

그때 페스트가 창궐하지 않았나요?

맞습니다. 페스트라는 흑사병 때문에 유럽 인구의 3분의 1이 목숨을 잃었지요. 이 병은 그야말로 공포의 대상이었어요. 우리도 코로나19 바이러스의 무서운 전파력으로 엄청난 혼란을 겪었지만, 페스트는 그보다 훨씬 심각해서 병에 걸리면 하루이틀 만에 죽음에 이르는 무시무시한 병이었다고 합니다.

흑사병과 천년왕국설은 어떤 관계가 있나요?

세상이 혼란스러워지면 사람들의 불안한 심리를 교묘히 파고드는 선동자가 등장합니다. 이런 사람에게 종교란 목적을 성취하기 위한 하나의 도구일 뿐이지요.

흑사병이 유럽 전역에 걷잡을 수 없이 퍼졌지만, 발병 원인을 알 수 없을뿐더러 별다른 치료책도 찾을 수 없었습니다. 높은 전염성으로 죽음에 대한 공포가 커지자 사람들은 주술의 힘을 빌리거나 각자의 신앙에 의지하며 상황이 나아지기만을 바랐습니다. 그러나 상황은 더 악화되고 사람들은 흑사병을 자신들의 죄에 대한 벌이라 여기게 됩니다.

아무래도 종교가 일상생활에 깊게 뿌리내린 시대였기 때문에 그렇게 생각할 수밖에 없었던 것 같아요.

맞습니다. 그래서 죄를 용서받으려면 고행과 극기를 해야 한다고 믿는 사람들이 생겨납니다. 한쪽에서는 자기 몸에 스스로 채찍질을 하며 고행과 보속을 실천한다고 거리를 활보하고, 다른 한쪽에서는 흑사병은 누군가의 죄 때문이라면서 대재앙의 책임을 지울 대상을 찾아 화풀이를 합니다. 화살을 엉뚱한 곳으로 돌린 것이지요. 급기야 흑사병의 지배자는 사탄이라며 유다인들을 희생양으로 삼습니다.

당시 유럽 사회는 청결한 편이 아니었습니다. 그렇지만 정결례를 중시했던 유다인들은 흑사병에 걸릴 확률이 비교적 낮았습니다. 이런 점을 시기한 사람들은 유다인들이 그리스도교 신자들에게 보복하기 위해 흑사병을 퍼뜨렸다는 소문을 퍼트립니다. 이를 빌미로 인간의 광기가 극에 달하면서 유다인들을 잡아다 불태우기까지 합니다. 납득할 수 없는 이유로 무고한 이들이 죽임을 당하면서 사람들의 불안감은 더욱 커집니다. 게다가 유럽의 백 년 전쟁(1337-1453)이 장기화하며 사람들의 일상을 혼란과 위기로 몰아갔습니다.

두려움 속에서 탄생하는 이단

당시 유럽 사람들은 죽음에 대한 공포와 삶에 대한 두려움에서 벗어나기 위해 의지할 곳을 찾았습니다. 언젠가는 이 고통에서 벗어나리라는 사람들의 간절함은 묵시적 분위기를 조성했습니다. '묵시적 기대' 하면 천년왕국설이 빠지지 않듯이, 불안한 환경 가운데 천년왕국 사상은 극단적 고행과 가난, 신비적 기도를 통해서 다가올 미래를 예언하는 데 이용됩니다. 천년왕국설을 내세운 이들은 현실을 비판하면서 개혁의 목소리를 높였고 자신들의 주장만이 쇄신과 변혁으로 향하는 올바른 길이라고 말하며 이단 분파를 형성합니다.

다시 프란치스코 영성파 이야기를 꺼내야겠습니다. 프란치스코 영성파의 영향을 받아 영성 운동을 더 극단적으로 발전시킨 '사도형제단Apostolici'이라는 단체가 있었습니다. 이들은 교회가 더욱 가난한 교회로 돌아가야 한다고 주장했습니다.

좋은 뜻 아닌가요? 교회가 쇄신되기 위해서 지금도 가

난이라는 덕목은 무척이나 중요하잖아요?

🧑 맞습니다. 그들은 '더 가난한 교회'를 주장하면서 엄격한 기도 생활과 단식을 강조했습니다. 나아가 부패한 성직자들에게 저항하고, 교회의 쇄신을 요구하는 등 가치 있는 활동을 했습니다. 하지만 그들에게는 심각한 문제가 있었습니다. 요아킴이 예언한 성령의 시대가 정확히 '1260년'이라고 사람들을 선동했습니다. 그러면서 자신들을 박해하는 교회는 요한묵시록의 바빌론(묵시 17,5)이고, 자기들이야말로 영적인 교회라고 내세웁니다.

그 가운데 프란치스코회 수련자였다가 수도회를 떠난 돌치노(Dolcino, 1250-1307)라는 사람이 있었습니다. 그는 자신이 하느님의 직접적인 계시를 받았고, 자기가 속한 집단을 하느님께서 선택하셨다며, 자신을 따라야 종말의 날에 구원을 받는다고 주장합니다. 또한 자신의 집단에서 천년왕국이 이루어진다고 사람들을 현혹하고 마치 군대의 지휘관처럼 행동하며 교회와 대립합니다.

교황 클레멘스 5세는 돌치노를 단죄하고 그가 일으킨 공동체의 분란을 막아 냅니다. 이를 통해 극단적인 천년왕국 운동은 일단락되었지만 이 사건은 다가올 혁명적 천년왕국 운동에 영향을 미칩니다.

사도형제단이나 돌치노와 같은 이들은 프란치스코회

의 청빈을 표방하여 교회의 쇄신을 부르짖었지만, 사실 자신들만이 영적이고 선택된 이들이라고 주장하며 교회 가르침에서 벗어난 행동을 했습니다. 결국 교회를 쇄신하려는 지향은 천년왕국설의 옷을 입고 개혁과 혁명이라는 극단으로 나갔고 이후 이들은 교회로부터 단죄받고 갈라져 나갑니다.

천년왕국설은 점점 더 극단으로 가는군요?

천년왕국설은 본래 내용과 의도가 무엇이었는지도 생각나지 않을 정도로 변형되었습니다. 이제 세상에 어떠한 희망도 주지 못한 채 교회 분열의 단초로 이용되는 모습만 보게 될 것입니다.

계속되는 혼란의 시대

혼란한 시대를 틈타 천년왕국설을 극단적으로 펼치는 이들에 대해 계속 알아보겠습니다. 그들 대부분은 돌치노와 같이 자신은 영적으로 특별하며 선택된 예언자이기 때문에 자기 말을 들어야 교회가 쇄신될 수 있다고 주장합니다.

이런 '가짜 예언자'가 계속해서 나타난 데에는 당시의

교회에도 문제가 있었기 때문이 아닐까요? 이미 분열의 가능성을 안고 있었던 것 같고요.

🗿 16세기 종교 개혁 전부터 교회 분열의 조짐은 있었습니다. 천년왕국설이 분열의 중심이 되기도 했지요.

👥 그렇다면 루터의 종교 개혁도 천년왕국설과 관계가 있었나요?

🗿 역사적으로 본다면 더 복잡한 사회적·정치적 배경을 언급할 수 있지만, 루터의 종교 개혁 이전 상황을 먼저 알아보겠습니다. 이 무렵 교회 개혁을 내세워 자신만의 집단을 만드는 이들이 하나둘 나타나기 시작했습니다. 그들 가운데 대다수가 천년왕국설을 따랐으며 개혁에 관한 그들의 주장은 루터에게도 영향을 미쳤습니다.

2. 천년왕국설로 분열된 교회

얀 후스(Jan Hus, 1372?-1415)

🗿 요아킴과 천년왕국설을 청빈 운동에 덧댄 사람들은 지금의 이탈리아 지역에서 출현했지요. 이제는 오늘날의

체코로 넘어가 봅시다. 체코의 수도는 어디일까요?

🧑 '프라하'이지요.

👤 프라하의 구시가지 광장에는 얀 후스라는 사람의 동상이 서 있습니다. 그는 루터보다 100년 앞선 체코의 종교 개혁자로 알려져 있어요. 후스라는 이름은 체코어로 '거위'를 뜻합니다. 그는 죽기 전 자기 이름을 빗대어 "너희는 지금 거위 한 마리를 불태워 죽이지만 100년 후에는 태울 수도, 삶을 수도 없는 백조가 나타날 것이다"라고 말했다고 합니다. 그 백조를 가리켜 루터라고 말하는 사람들도 있습니다.

🧑 얀 후스에 대해 좀 더 알려 주세요.

👤 후스는 가톨릭 사제였는데, 그가 교회에 몸담았던 시기에는 교회와 왕권의 갈등이 매우 심했습니다. 당시 보헤미아 왕국 영토의 절반가량이 교회의 땅이었음에도 교회는 땅을 더 소유하려는 욕심을 멈추지 않았습니다. 또한 재산을 증식하고 왕국의 내정에 끊임없이 간섭했습니다. 사제들도 사리사욕을 채우는 데 급급했습니다. 신자들은 교회에 환멸을 느낄 수밖에 없었지요. 이때 개혁을 외치며 등장한 사제가 바로 후스였습니다.

🧑 피오레의 요아킴에게 영향을 받았을 것 같아요.

👤 당시 보헤미아 지역에는 요아킴이 쓴 책들이 널리 퍼

져 있었고 후스는 자연스럽게 그의 사상을 접할 수 있었습니다. 후스는 위클리프(John Wycliffe, 1320?-1384)라는 영국 종교 개혁가의 사상도 공부하며 교회에 개혁을 설파합니다.

그가 주장한 개혁의 모체는 종말론적이었습니다. 후스는 중세 시대의 교회를 정의한 사상 중 하나인 '전투하는 교회 - 잠자는 교회 - 승리하는 교회'를 받아들여 당시의 교회를 '전투하는 교회'의 표상으로 보았습니다. 그리하여 그는 지상 전투에서 승리해야 한다는 결의를 다지며 교회를 방해하는 세속적인 요소들을 물리치고 승리하는 의인이 되자고 신자들을 부추겼습니다. 여기서 천년왕국 사상이 발견됩니다. 그가 그렸던 승리는 곧 천년왕국의 도래였던 셈이지요. 후스는 '승리하는 교회'는 지상에 세워질 예루살렘, 곧 하느님 나라의 천국임을 밝히며 천년왕국이 지금 지상에서 이루어질 것이라고 주장합니다.

후스는 교황 제도를 비판하다가 콘스탄츠 공의회(1414-1418)에서 단죄받아 화형되었지만, 그의 천년왕국설을 극단적으로 받아들인 사람들은 보헤미아 지역에서 소요를 일으킵니다. 이들을 후스 개혁의 급진파 또는 타보르파라고 부릅니다.

타보르파

👥 예수님께서 변모하신 타보르산이 떠오르는데요.

🧑 맞습니다. 예수님께서 영광스럽게 변모하신 장소이자(마태 17,1-9 참조) 부활하신 예수님이 제자들을 파견하신 그 산입니다(마태 28,16-20 참조). 타보르파는 지금의 체코 남부 베히네를 자신들의 타보르산이라고 부르며 그곳에서 천년왕국이 실현될 것이라고 믿었습니다.

그들은 성경을 자기 식으로 해석했어요. 자신들이 해석한 내용이 아니면 어떤 것도 믿으려 하지 않았습니다. 또한 성경을 문자 그대로 해석하면서 연옥 교리를 부정하고, 죽은 이를 위한 미사도 반대했습니다. 이 대목을 보면 그들의 종말론적 사상이 그리스도교 전통과는 다르다는 사실을 알 수 있습니다. 그들은 죽음 이후의 세계를 받아들이지 않았고, 죽음 이후와 현실도 구분하지 않았습니다. 또한 천년왕국이 다가왔음을 주장하면서 악을 소멸하기 위해 1420년 2월 10일부터 14일 사이에 모든 도시가 소돔처럼 불탈 것이지만, 자신들의 타보르산, 곧 베히네에 있는 이들은 살아남으리라고 선동합니다.

👥 이 말에 현혹된 사람들은 누구였나요?

🧑 억압받고 불평등한 대우를 받던 그 지역 수공업자들

과 농민들에게 싸움에서 승리하리라는 타보르파의 주장은 힘과 희망을 주었습니다. 이들은 전투에서 승리하기 위해 세금을 없애고, 가진 것을 공동으로 소유하자는 말에도 끌렸지요. 게다가 그곳이 그리스도와 함께 다스릴 천년왕국이 될 것이라니, 얼마나 그들이 바라던 바였겠어요. '천년왕국에는 우리를 지배하는 권력은 사라지고 평등한 왕국이 이루어질 것이다', '이는 곧 이 땅에 세워질 왕국이다'라는 타보르파의 주장은 당시 피지배 계층에게 희망을 주었습니다.

교회의 쇄신이 아니라 농민 운동 같은 사회 구조에 대한 혁명 운동으로 변화된 것 같은데요.

그래서 천년왕국'설'이 천년왕국 '운동'으로 바뀌는 기로에 서게 됩니다. 사람들에게 전투적인 분위기를 고조하고 개혁을 위한 혁명을 조장하는 데 천년왕국설이 이용됩니다. 하지만 하느님 나라를 지상의 나라로 축소하고, 복음의 가르침인 사랑이 아닌 전투와 분열을 선동하는 이들에게 사람들은 싫증을 느낍니다. 결국 타보르파는 바젤 공의회(1431-1439)에서 단죄받으면서 그들이 주장했던 천년왕국 도래의 꿈도 점차 사그라듭니다.

이후 보헤미아 지역의 극단적인 천년왕국 운동은 잠잠해졌지만, 그리스도교의 개혁적 요소와 천년왕국을 토대로 한 혁명적 요소들은 옆 나라 독일로 건너가 더욱 심각한 교회의 분열을 일으킵니다.

토마스 뮌처(Thomas Müntzer, 1490?-1525)

새 인물에 대해 이야기하기 전에 질문 하나 하겠습니다. 종교를 목적으로 폭력이 정당화될 수 있을까요?

절대 안 되지요. 종교가 진리를 가르치고, 그리스도교는 진리이신 그리스도께서 가르치신 사랑을 살아가는데, 어떻게 사랑에 맞서는 폭력이 정당화될 수가 있겠어요!

네, 좋습니다. 이 이야기는 조금 뒤에 다시 나누겠습니다. 이제 독일 사람 토마스 뮌처에 대해서 살펴보려 합니다. 하지만 여기서 독일만 떼어서 생각할 수는 없습니다. 왜냐하면 뮌처는 후스와 그 추종자들에게 많은 영향을 받았기에, 종교 개혁 시기의 독일과 보헤미아 지역 상황을 한꺼번에 바라보아야 합니다.

뮌처는 후스와 활동을 같이했던 타보르파였나요? 후스에게 영향을 받았으면 요아킴의 천년왕국 사상의 영향을 받았을 수 있겠군요.

대충 그림이 그려지세요? 그 정도의 스케치만 해 두

고 조금 더 자세히 알아보도록 하겠습니다.

　　이제 16세기로 접어듭니다. 뮌처는 후스보다는 한 세기 정도 뒤의 인물이에요. '16세기' 하면 그리스도교 안에서 떠오르는 사건이 무엇이 있나요?

　종교 개혁이요! 16세기는 가톨릭과 개신교가 나뉜 상징적인 시기라서 그리스도인이 아니더라도 많은 사람들이 세계사에서 관심 있게 기억할 것 같아요.

　루터가 가톨릭교회에 반박하는 내용을 95개 조항으로 조목조목 써서 비텐베르크 대성당 벽에 붙였다면, 뮌처는 칼로 상징되는 종교 개혁을 시도했던 사람이라고 볼 수 있습니다. 뮌처는 폭력을 불사하는 혁명으로 천년왕국을 지상에 실현할 수 있다고 믿었어요. 그는 하느님 나라의 도래를 기다리면서 당시 가톨릭교회가 개혁의 대상이라고 목청을 높입니다. 사실 뮌처는 주장을 글로 기록하지 않았기 때문에 그가 가톨릭교회의 어떤 부분을 비판하려 했고, 어떤 근거로 비판의 단초를 마련했는지 확실히 알 수는 없습니다. 단지 뮌처는 요한 타울러(Johannes Tauler, 1300?-1361)의 신비 사상과 요아킴의 천년왕국설, 그리고 후스가 꿈꿨던 교회의 모습에 영향을 받아 천년왕국을 소개하는 일보다 그것을 실현하기 위한 실천을 더 강조했지요.

뮌처가 꿈꾸던 세상은 어떤 모습이었을까요?

해방 운동을 떠올려 보면 뮌처의 생각을 어렴풋이나마 짐작해 볼 수 있습니다. 뮌처에게 천년왕국은 기다려야 할 것이 아니라 이룩해야 할 것이었습니다. 마치 주권을 빼앗긴 나라가 전쟁도 불사하며 해방 운동을 하듯 말이지요. 그는 혁명을 일으키는 전쟁이야말로 천년왕국을 이룩하는 참된 종교 개혁이라고 주장했습니다.

뮌처의 공격적인 모습은 당시 하층민들에게는 희망의 메시지처럼 전해졌습니다. 뮌처도 그런 의도를 가지고 빈곤한 농민이나 노동자들이 자신들을 부당하게 대우하고 억압하는 국가와 교회에 저항하도록 부추겼습니다. 그것이 천년왕국을 맞이하기 위한 준비라고 하면서요. 이러한 뮌처의 선동은 독일 동부에 있는 츠비카우에서 먼저 일어났습니다. 그곳은 후스파 독일 사람들이 처형된 도시였습니다. 뮌처는 곧 종말이 다가올 것이고, 그때에 선택된 사람들은 살아남고, 불신자들은 파멸에 이르는 가운데 그리스도의 재림을 준비하게 될 거라고 주장합니다. 결국 사회의 혼란을 일으킨 대가로 뮌처는 그 지역에서 추방당합니다.

뮌처의 본격적인 이단 분파 형성

👤 츠비카우에서 쫓겨난 뮌처는 자신의 주장을 굽히지 않고 오히려 후스의 나라였던 보헤미아로 이동하여, 천년왕국을 맞이하기 위해 준비하고 행동하도록 사람들을 더욱 강하게 재촉합니다. 그곳에 사는 가난하고 억압된 이들에게 '더 이상 참고만 있지 말고 국가와 교회에 대항하라'고 하면서, 이는 자신이 이 땅의 선택된 백성을 하느님께로 모으기 위해 받은 계시라고 주장합니다. 천년왕국 이단 분파를 형성하기 시작한 것이지요.

👥 그런 상황으로 사회 분위기는 어수선했겠네요.

👤 그럴 수밖에요. 보헤미아 지역에서도 추방된 뮌처는 독일의 알슈테트 지역으로 건너가서 사유재산 없는 평등한 사회를 이룩하자고 또다시 사람들을 선동합니다. 그의 행동은 천년왕국의 임박한 도래를 알리려는 것이었고, 가톨릭교회를 향한 종교 개혁이자 루터에 대한 비판이었습니다. 뮌처는 농민과 하층민들에게 공동으로 재산을 소유하고, 초대 교회의 모습으로 돌아가자고 설득합니다. 자신의 공동체에 속해야만 하느님께 선택되고 사도들의 교회를 새롭게 세울 수 있으며, 이 세상에서 그리스도의 재림과 영원한 하느님 나라를 맞이할 수 있다는 그의

말에 사람들은 쉽게 현혹됩니다. 뮌처는 영주들 앞에서도 굽히지 않고 이런 설교를 했지만, 그들은 예상만큼 그에게 귀를 기울이지 않았습니다.

급기야 뮌처는 1525년, 뮐하우젠에서 전쟁을 계획합니다. 그가 내세운 전쟁 명분은 가난한 사람들을 위한 해방이며, 하느님께 선택된 이들만이 누릴 수 있는 승리였습니다. 하느님 나라는 평등한 왕국이고, 그 나라를 지상에서 이룩하려면 폭력을 불사하고 전쟁을 일으켜야 하며, 그것이 그리스도인의 마땅한 임무라면서 차별받는 농민들을 부추긴 것입니다.

🧑‍🤝‍🧑 이런 이유로 서두에서 폭력의 정당성에 대해 물으셨군요! 그래서 전쟁의 결과는 어땠나요?

👤 안타깝게도 독일 농민 전쟁(1524-1525)에 가담한 소작농 30만 명 가운데 10만 명가량이 귀족들에게 죽임을 당했다고 합니다. 뮌처도 그의 마지막 전투였던 프랑켄하우젠 전투에서 포로로 붙잡혀 생을 마쳤다고 전해지고요. 농민 전쟁으로 지상에 천년왕국을 실현하고자 했던 뮌처의 꿈은 그렇게 비극으로 마무리되었습니다.

🧑‍🤝‍🧑 한 사람의 잘못된 종말관이 이렇게나 참담한 결과를 불러일으켰다는 사실이 무섭습니다.

👤 안타깝지만 이런 일을 더 보게 될 것입니다. 물론 그

가 어떤 마음으로 천년왕국설에 심취했고 전쟁까지 벌였는지 알 수 없지만, 뮌처가 믿었던 구원이 가톨릭이 믿는 구원과는 전혀 달랐다는 점을 생각해 볼 필요가 있습니다. 뮌처는 구원이 이루어지는 장소가 천상의 하느님 나라가 아니라, 우리가 지금 살고 있는 여기 이 땅이라고 주장했습니다. 구원을 지상에서의 해방이라고 덧붙여 설명하니, 답답한 삶을 살아가는 이들에게는 그의 주장이 실낱같은 희망이 될 수 있었겠지요? 천년왕국이 도래하면 자신들은 살아남고 자신들을 억압했던 이들은 파멸한다는데, 뮌처가 말하는 종말이 농민들에게 솔깃하게 다가갔던 것입니다.

오늘날에도 삶이 고단한 사람일수록 잘못된 종말 사상에 휩쓸리기 쉬운 것 같아요. 뮌처 시대에 일어났던 일들이 지금도 반복되고 있다니, 안타깝습니다.

하느님 나라를 기다리는 데 조급해진 것이지요. 이 땅에서 하느님 나라는 오로지 '빗대어' 설명될 수 있을 뿐, 어떤 것도 하느님 나라와 동일시될 수 없습니다. 그런데 사람들은 지상에서 영원히 살고 싶은 마음에 하느님 나라의 것들을 이 땅의 것들과 동일시하려 합니다. 죽음 이후의 세계를 부정하며 이 땅에서의 복락을 기대한 저들처럼 말이지요.

지상에서 영원히 산다면 과연 좋을까요? 지상에서 우리가 알 수 있는 하느님이 그분의 전부라면, 우리는 하느님께서 전지전능하시다고 고백하면서 그분께 우리의 희망을 둘 수 있을까요? 전지전능함, 그것은 바로 인간의 생각을 뛰어넘는 능력인데 지상의 것들은 인간이 만들어 낸 것이니까요.

뮌처의 죽음으로 천년왕국에 대한 혁명적인 선동이 끝난 듯했지만, 아쉽게도 이는 또 다른 양상으로 나타납니다. 이제부터는 언젠가 한 번쯤은 들어 보았을 '재세례파Anabaptist' 이야기로 넘어가 봅시다.

과격화된 천년왕국 운동: 재세례파

하층민들은 그 후 어떻게 되었나요? 패전 후에도 천년왕국에 대한 희망을 놓지 않았나요?

그들은 전쟁의 후유증을 앓았습니다. 그럼에도 불구하고 천년왕국과 자유에 대한 꿈을 포기하지 않았습니다. 혹시 재세례 운동이라고 들어 보셨나요? 세례는 스스로 신앙에 동의하여 청하는 이에 한해 베풀어져야 한다면서, 당사자의 자유로운 동의 없이 유아기에 세례를 받은 이들은 성인이 되어 다시 세례를 받아야 한다는 주장입니다.

농민 전쟁에 뛰어들었던 사람들 가운데에는 재세례 운동에 참여했던 이들이 있었습니다. 그들은 하느님의 법을 엄격하게 실행해야 한다고 가르쳤습니다. 그래서 철저한 도덕적 수행을 요구하며, 국가의 권위와 사유재산을 부정하고, 세상으로부터 청렴한 분리를 지향하며, 종말을 예고하면서 그리스도의 재림이 임박했다고 주장했습니다.

뭔가 급진적이고 혁명적인 지상 종말론이 펼쳐질 듯한 예감이 드는데요?

재세례파를 따랐던 여러 사람이 독일의 농민 전쟁 후에도 다양한 혁명 운동을 펼칩니다. 특히 독일의 뮌스터에서 벌어진 천년왕국 운동의 주인공 대부분이 재세례파에 속해 있었어요. 이 중 주요 인물 몇 명을 살펴보면, 천년왕국설이 가톨릭의 종말신앙에서 완전히 멀어졌음을 알 수 있습니다.

먼저 스트라스부르 지역에서 재세례파 운동에 앞장선 인물은 멜키오르 호프만(Melchior Hoffmann, 1495-1543)입니다. 평신도 설교자였던 그는 요한묵시록 11장을 해석하면서 자신이 묵시록에 등장하는 종말을 예언하는 두 증인 중 하나라고 주장합니다. 그러면서 천년왕국이 1533년에 시작될 것이고, 천년왕국이 이루어질 새 예루살렘이 스트라스부르 지역이며, 그곳이 곧 하느님 나라가 될 것이라고 사람들을 선동합니다.

호프만을 따르던 사람 중에는 얀 마티스(Jan Matthys, 1500?-1534)라는 인물이 있었습니다. 그는 호프만의 천년왕국 운동에 더해서, 자신들의 천년왕국 운동을 받아들이지 않는 자는 악마 집단이며 그들을 죽여야 한다고까지 주장합니다. 그러면서 자신들은 사도들을 따르기 때문에 오순절에 사도들에게 성령이 임한 것과 같이 다시 세례를 받아야 한다며 새로운 세례를 주장하지요. 분리와 분열, 그리고 특권 의식이 뮌스터를 휩쓸게 됩니다.

호프만이 천년왕국의 도래를 예언한 1533년에는 당연히 어떠한 일도 벌어지지 않았습니다. 하지만 호프만과 마티스 이후 등장한 복켈슨(Jan Bockelson, 1509?-1536)은 그들이 주장하는 새 예루살렘인 뮌스터에 천년왕국을 실현하기 위해 더욱 격렬한 전투 태세를 갖추어야 한다며 과격한 천년왕국 운동을 펼칩니다. 심지어 추종자들은 그를 '마지막 날의 메시아'라고까지 믿게 됩니다. 이에 그는 자기 뜻대로 사람들을 다스리고 지배합니다.

이렇게 많은 사람이 자기 집단만을 앞세우며 '새 예루살렘이다', '천년왕국이다', '하느님 나라다' 심지어 '자신이 구원자인 메시아다'라고 주장했습니다.

👥 요즘도 자신이 메시아라고 주장하는 사람들이 있는데, 과거에도 똑같았군요! 탄압과 고통 속에 살던 가난한 이들은 자신들을 구해 내실 하느님의 구원이 당장 이루어지기를 바랐을 수밖에요. 그런 심정으로 눈에 보이는 구원자를 찾고, 자신들이 선택된 백성이라 믿고, 자신들의 지역이 지상에서 이루어질 하느님 나라가 될 것이라 상상하며 스스로를 자극한 것이었군요.

🧑 그 생각들이 지금 우리 시대까지도 이어졌다고 볼 수 있겠습니다. 근대의 이야기는 이것으로 마무리되지만, 종교 개혁의 기운은 유럽을 통해 미국으로 퍼져 우리나라까지 전해집니다. 지금과 유사한 그때의 모습을 통해, 그 영향이 현재에까지 도달했음을 확인할 수 있습니다.

6장
전 세계에 번진 천년왕국설

왜 사람들은 허무맹랑한
주장에 현혹되는 걸까요?

현실이 불안정하고 혼란할 때는
어딘가 의지할 곳을 찾게 됩니다.

"내가 바로 구원자다!", "나로 인해 새 시대가 열렸다", "여기가 하늘 왕국이며, 우리 집단에 속해야만 구원을 받을 것이다!" 혹시 이런 말을 들어 보셨나요? 아니면 이런 말을 듣고 따라나선 사람을 주변에서 본 적이 있나요? 그리스도교에서 갈라져 나온 분파들이 자주 내세우는 슬로건입니다. 우리가 지금까지 알아본 천년왕국설의 흐름이 이런 구호 뒤에 숨어 한국에 전해집니다.

하느님 나라에 대한 이상향이 혁명으로 변질되고, 혁명이 전투로 번진 천년왕국설이 한국에 도달하면서 또 하나의 종교적이고 사회적인 문제를 야기합니다. 특히 이천 년대를 지나면서 천년왕국을 주장하는 그리스도교 분파들이 급속도로 퍼져 갑니다. 지금까지 천년왕국설이 전개되는 흐름 속에 담긴 의도를 파악했다면, 천년왕국설을 주장하는 그리스도교 이단 분파들이 한국에서 발생한 것이 우연이 아님을 예상할 수 있을 것입니다.

이제 우리는 천년왕국설이 유럽을 거쳐 아메리카 대륙에 전해지고, 그것이 또다시 한국으로 전해진 과정을 자세히 살펴보려고 합니다. 지금도 우리나라에는 천년왕국설을 주장하는 이단 분파들이 그 세력을 떨치고 있습니다. 최근 들어서는 그 힘을 더욱 확장하여 그리스도교 신앙을 가진 이들을 포섭 대상으로 삼아 자기들 편에 끌어들입니다. 그들은 평범한 그리스도인인 척 천주교 성당과 개신교 교회에 다니는 이들에게 다가가서, 자기들의 주장을 교묘히 심어 상대의 마음을 빼앗으려 합니다. 그 바탕에는 천년왕국설이 있습니다. 그렇게 마음을 빼앗긴 이들은 오로지 그 집단에 도래할 천년왕국만을 꿈꾸면서 신앙도 가정도 포기하지요. 하느님 나라에 대한 참된 희망은 점점 그 의미를 잃고, 천년왕국의 분파만을 만들어 내는 안타까운 모습입니다.

그리스도교 분파들은 생각보다 우리 가까이에 있습니다. 그들은 천년왕국설이 참된 희망이라 여기면서, 특정인을 가리켜 '재림한 예수다' 혹은 '그에게 영이 내려서 곧 재림한 예수가 될 것이다'라고 주장합니다. 그들이 내세우는 재림 예수가 '지상에서 왕국을 세워 다스리고, 그의 선택을 받아 그 집단에 속한 이들은 그리스도와 함께 천 년 동안 왕 노릇을 할 것'이라고 말합니다. 그리고 정해진 천 년의 기간이 끝나면 자신들을 박해하던 이들은 파멸에 이르고, 자신들만이 지상에서 영원히 죽지 않고 살 것이며 그것이 곧 구원이라고 외칩니다.

혹시나 이런 말들을 듣는다면 절대 따라가면 안 됩니다! 왜냐하면 그것은 역사 안에서 반복되어 나타난 잘못된 이론과 다르지 않기 때문입니다. 지난 역사를 살펴보면 그들의 결말도 쉽게 예상할 수 있습니다. 이제 슬금슬금 우리나라에까지 전해진 천년왕국설의 유입 과정을 속속들이 캐내 보겠습니다.

1. 영국에 도달한 천년왕국 사상

혹시 영국의 종교가 무엇인지 알고 있나요?

성공회요. 들어보긴 했는데 어떤 종교인지는 자세히 모르겠어요. 성당이 있는 것을 보면 가톨릭과 비슷한 것 같기도 하고요.

천년왕국설이 어떻게 전 세계로 확산되었는지 살펴보려면 영국의 성공회도 함께 언급해야 하니, 이 이야기를 먼저 해 보겠습니다.

성공회

🧑 성공회는 가톨릭에서 분리된 분파이기에 개신교라고 부를 수 있습니다. 하지만 우리가 보통 생각하는 개신교와는 조금 차이가 있습니다. 의외로 가톨릭교회와 비슷한 점이 많은데, 예를 들면 교회를 '성당'이라 칭하고, 사목자도 '신부'라고 부릅니다. 또 성공회에도 '교구' 개념이 있어서 교구가 개별 교회를 총괄하고 있답니다.

👥 천년왕국설이 성공회의 분리를 가져온 원인이 된 건가요? 지금까지 그 이야기는 다루지 않은 것 같은데요.

🧑 맞습니다. 직접적인 원인이라고 볼 수는 없지만, 독일을 거쳐 영국에 전해진 천년왕국설도 영향을 미쳤지요.

그럼 여기서 문제 하나 내겠습니다. 앞선 이야기들을 떠올려 본다면, 일반적으로 천년왕국설과 선동적인 종말론은 시대 상황이 어떨 때 움트기 시작했지요?

👥 혼란스러운 상황이요! 어딘지 불안하고 기댈 곳이 없어 보일 때 자주 등장했어요. 다시 오시겠다는 예수님의 약속이 지연되는 듯한 교회 초기의 박해 시대나, 조금 전에 살펴본 독일의 농민 전쟁 시기가 그러했지요.

🧑 잘 이해하면서 따라오고 있군요. 맞습니다. 역사에서 천년왕국설과 선동적인 종말론은 주로 불안하고 혼란스

러운 상황에서 이용되었습니다.

지금 우리가 보려는 영국도 다르지 않았습니다. 16-17세기에 영국의 왕은 자신의 이혼을 정당화하기 위해 가톨릭으로부터 교회를 분리시켜 성공회라는 새로운 분파를 만들었습니다. 그로 인해 사회는 종교적 혼란뿐 아니라 전쟁, 박해, 왕권의 급박한 변화 등으로 진통을 겪었습니다. 사람들은 의지할 대상을 찾아 그 혼란을 극복하고 싶어 했지요. 급기야 그들은 자신이 겪는 고통과 여러 사건에 분명 종말론적 의미가 있다고 믿게 됩니다. 여기에 가톨릭을 희생양으로 삼아 가톨릭 신자들을 '그리스도의 적'이라고 부르면서 대결 구도를 만들었습니다.

이제까지 배운 내용으로 유추해 보면 천년왕국론자들이 등장할 때가 온 것 같은데요.

정확합니다. 그들은 구약성경의 다니엘서와 신약성경의 요한묵시록을 자기들이 해석한 대로 짜맞추면서 성경의 상징들이 자신들의 지역에서 일어나는 사건과 맞아떨어진다고 주장합니다. 그리고 아직 다가오지 않은 일들을 예견한다는 명분 아래, 주님의 재림이 임박했다는 요한묵시록을 글자 그대로 풀어내서 천년왕국 사상을 전파합니다. 요한묵시록 20장을 자의로 해석해서 지상에 완전한 나라가 설립될 시기를 구체적으로 계산하고, 그들의 바람이 영국 땅에서 이루어지리라 판단합니다. 이런 영향을 받은 사람이 많아지고, 헛된 희망을 품을수록 사회는 더 혼란을 겪기 마련이지요.

성공회와 청교도 운동

👥 이런 상황을 틈타 천년왕국설이 동유럽 국가를 거쳐 북서쪽으로 퍼졌군요.

🧑 거기에 영국의 청교도 운동까지 가세합니다. 이제 그 과정을 천천히 살펴보겠습니다. 헨리 8세(1509-1547 재위)는 첫 번째 왕비인 캐서린 아라곤과의 혼인을 무효로 하고, 캐서린의 시녀인 앤 불린과 재혼해 후계자로 삼을 아들을 얻고 싶어 했습니다. 하지만 로마 교황청이 허락하지 않았지요. 이를 계기로 헨리 8세는 자신이 교회의 최고 권위자가 되기로 결심합니다. 영국 교회를 교황으로부터 분리하고, 교회에 대한 모든 권한은 국왕이 갖는다는 내용의 수장령(1534)을 선포합니다. 헨리 8세가 성공회의 시초를 열어 가톨릭교회와의 분리를 가속화했지만, 가톨릭 신앙의 관습은 상당수 그대로 유지되었습니다.

👥 교회의 최고 권위자가 교황에서 왕으로 바뀐 것 말고

는 큰 변화가 없었나 보군요.

기존의 종교 관습을 하루아침에 바꾸기란 쉬운 일이 아니지요. 한편 헨리 8세의 아들인 에드워드 6세(1547-1553 재위)가 어린 나이로 왕위에 오른 뒤, 칼뱅 사상이 교회에 들어오면서 영국의 종교 개혁은 이전보다 더 급진적으로 이루어집니다. 에드워드 6세는 이런 변화를 적극적으로 받아들였기 때문에 가톨릭 전례와 의식이 많은 면에서 개혁되었습니다. 그러나 헨리 8세와 캐서린 사이에서 태어난 메리 1세(1553-1558 재위)가 에드워드 6세 사망 후 즉위하면서 영국의 국교를 다시 가톨릭으로 되돌리려 했습니다. 이 과정에서 수많은 개신교 신자가 박해를 받고 처형되었습니다. 이런 상황 속에서 가톨릭과 개신교 사이의 대립은 극으로 치닫게 됩니다.

혼란을 거듭하는 사이, 헨리 8세와 앤 불린 사이에서 태어난 엘리자베스 1세(1558-1603 재위)가 왕위를 이으면서 영국은 또다시 개신교 국가로 돌아갑니다. 그는 1559년에 통일령과 수장령을 통해 '거룩하고(聖), 보편된(公), 교회(會)'라는 의미의 영국 성공회 Church of England를 국교로 재확립합니다. 가톨릭과 개신교 요소를 절충한 앵글리칸 Anglican 신앙은 종교적인 혼란을 해결하고, 사회를 안정시키기 위한 일종의 타협안인 셈이지요. 이로써 영국에 평화가 오면 좋으련만, 종교 문제는 또 발생합니다.

👥 수십 년에 걸쳐 얽힌 갈등이 쉽게 풀리지는 않겠지요. 그 영역이 정치와 종교라는 면에서 더욱 그렇고요. 그런데 교황청은 여기에 아무 조치도 취하지 않았나요?

👤 엘리자베스 1세는 즉위 초기에 비교적 온건한 종교 정책을 폈지만, 점차 가톨릭 신자들을 탄압했습니다. 교황청과 가톨릭 신자들은 반발했고, 결국 교황 비오 5세는 1570년에 엘리자베스 1세를 정당한 군주로 인정하지 않는다는 칙서를 내려 교회에서 파문했습니다. 교황의 이런 결정은 엘레자베스 1세에 반대하는 가톨릭 세력의 반란을 정당화하는 명분이 되었습니다. 종교를 둘러싼 갈등과 탄압, 박해는 끊이지 않았습니다.

그런데 가톨릭교회 외에도 여왕의 타협안에 불만을 품은 사람들이 있었습니다. 그들은 개신교에 속한 이들로서 엘리자베스가 이끄는 성공회에 대항해 순결(purity, 靑)과 윤리, 복음주의를 한층 더 강조하면서 불결한 행동을 거부하는 강성 운동을 펼쳤습니다. 이들이 바로 청교도淸教徒입니다.

👥 청교도는 미국과 관련해서 들어본 것 같은데, 뭔가 엄격한 이미지가 그려집니다.

👤 청교도는 영국의 종교 개혁 가운데 나타난 하나의 정

신이자 운동이며, 칼뱅주의에 따른 개신교 분파라고 일컬어지기도 합니다. 그들은 칼뱅의 종교 개혁 사상에서 종교 체험을 보다 극단화하여 발전시켰고, 칼뱅의 예정설에 따라 자신들을 선택된 사람으로 자부하며 영국 교회의 박해 속에서도 인내하며 활동했습니다. 마침내 그들은 영국에서 '청교도 혁명'이라는 시민 혁명을 일으켰지요. 영국 국왕은 그들의 행실을 정치적 선동이라 판단해 그들을 박해했고, 국가에서 추방했습니다.

자신들만이 선택되고 순결한 사람들임을 강조하는 청교도의 모습에서 천년왕국설의 기운이 느껴지는데요?

17세기에 들어 많은 영국 청교도인들이 천년왕국이 지상에 도래할 것이라는 자신들의 믿음을 설파합니다. 그들의 주장도 가까운 시대에 벌어졌던 극단화된 천년왕국설과 크게 다르지 않았습니다. 인간이 겪는 모든 일의 지침을 알려 주는 것은 성경, 그중에서도 다니엘서와 요한묵시록이라 여기고 그것을 자기 식으로 해석하며 종말론적 환상에 빠져들었지요. 다른 천년왕국설과 차이가 있다면, 영국을 성경이 예고하는 새로운 이스라엘이라고 본 것입니다. 그곳에서 벌어지는 억압과 박해 역시 요한묵시록에 기록된 박해와 성인들의 순교와 같다고 여겼습니다. 따라서 자신들이 추구하는 국가와 교회의 개혁은 성경에 기록된 하느님의 뜻이기에 자신들이 승리할 것이라 확신했지요. 한편으로는 현실에서 이어지는 극심한 박해 속에서 천년왕국의 지상 도래를 하염없이 기다리며 환멸을 느끼기도 했습니다. 그러나 그들이 본격적으로 발전하는 계기가 17세기 초에 일어납니다.

영국을 새로운 이스라엘이라고 여긴 청교도들은 박해를 받으면서 그 믿음을 시험받습니다. 더 급진적인 청교도들은 재세례파의 천년왕국 사상을 계승하려고도 했습니다. 영국 국교회의 박해 속에서 토마스 뮌처의 사상을 잇는 재세례파의 천년왕국 운동을 지켜보며 희망을 가졌기 때문입니다. 그들은 박해를 피해 유럽을 떠나 신대륙을 향한 여정에 합류합니다. 그러면서 다시금 자신들만의 새로운 예루살렘을 찾았다고 믿고 기뻐하지요.

그곳이 미국인가요?

맞습니다. 새로운 영국New England이자 희망의 대륙, 북아메리카 대륙의 연방 공화국United States of America. 청교도인들은 그곳을 새 하늘, 새 땅으로 여겼어요. 거기에서 자신들의 천년왕국에 대한 기대가 실현되리라는 믿음은 절정에 이릅니다. 세계를 휘저은 천년왕국설의 장황한 흐름이 그곳까지 도달했다는 사실에서, 미국과 연결점이 많은 우리나라의 상황도 예견해 볼 수 있습니다.

천년왕국설을 주장한 유럽의 인물

♦ 독일: 요한 피스카토르Johann Piscator와
　　　요한 하인리히 알스테드Johann Heinrich Alsted

피스카토르(1546-1625)는 개혁주의 신학자로, 그리스도가 지상에 재림한 후 천 년 통치가 시작된다는 전천년설을 지지했다. 이때 신자들은 부활하여 영광스러운 삶을 살 것이라고 보았다. 피스카토르는 성경을 문자적으로 해석하는 경향이 있었고, 이러한 방식으로 요한묵시록에 나오는 천년왕국의 개념을 받아들였다.

　같은 개혁주의 신학자이자 천년왕국설의 열렬한 지지자였던 알스테드(1588-1638) 역시 예수 재림 후 천년왕국이 지상에 실현된다고 믿었고, 이를 신자들이 경험하게 될 물리적이고 실제적인 왕국으로 설명했다. 특히 기독교 신앙의 확산과 함께 천년왕국이 점차 이루어질 것이라고 보았다.

♦ 영국: 토마스 브라이트만Thomas Brightmann

　브라이트만(1562-1607)은 '마지막 시기의 영광latter-day-glory'으로서 천년왕국이 이미 시작되었고, 정화된 교회

가 참된 신앙의 길을 걷고 있다고 믿었다. 이는 장로교적 신앙과 일치하였다. 또한 유다인들의 회개와 로마 교황의 파멸을 예고했다. 나아가 그는 천년왕국이 1300년에 이미 시작되었다고 주장하며 존 위클리프의 사상을 따르며 천년왕국설을 펼쳤다.

청교도 정신을 지니고 천년왕국설을 주장한 분파

◆ 디거스Diggers

예수 그리스도가 평등의 근원임을 강조하며 자신들을 참된 평등주의자true Levellers라 지칭한다. 따라서 계급 없는 사회를 새 하늘과 새 땅의 실현이라 믿었다. 그들은 죽은 이들의 부활이 지상 세계에서 이루어지며, 이미 심판의 날이 시작되어 천상 하느님 나라를 살아가는 이들이 지상에 있다고 주장했다. 이들은 피오레의 요아킴의 영원한 복음에 대한 주장을 이어 나갔다.

◆ 제5왕조파Fifth Monarchist

개혁적 운동으로 토마스 뮌처의 사상에 따라 재세례파와

> 같은 주장을 펼쳤다. 이들은 세계 역사를 다니엘서에 기록된 네 왕국의 예언에 따라 구분했다. 그에 따르면 다섯째 왕국은 천년왕국의 설립이 임박한 마지막 왕국으로서, 자기 시대가 여기에 속한다고 주장했다. 이들은 군사적이고 급진주의적 천년왕국설을 주장하면서 당시의 정치 제도에 전투적으로 대립했다. 제5왕조파를 따르는 이들은 천년왕국을 문자적으로 이해했고, 그들의 믿음은 임박함에 대한 기대로 채워졌기 때문에 영국의 천년왕국론자 가운데 가장 급진적이고 투쟁적이었다.

2. 미국에 도착한 천년왕국설

신대륙 개척과 새 하늘 새 땅의 믿음

아메리카로 넘어가 볼까요? 지금까지 유럽에 전파된 천년왕국설과 교회의 분열 상황을 보았습니다. 미국에 전해진 천년왕국설에서는 또 다른 분위기를 느낄 것입니다.

아메리카 대륙이 발견된 이후 유럽인들이 자신들의 식민지를 건설하고 영토를 구축하기 위해 싸우는 과정에서 천년왕국 사상도 한몫을 한 것인가요?

앞으로 살펴볼 이야기에서 미국 역사와 천년왕국설의 관계를 볼 수 있습니다. 가톨릭 신자들에게는 아메리카라는 신대륙 개척과 미국의 건국 과정에서 천년왕국설이 등장하는 흐름이 생소할지 모르지만, 개신교 신자들에게는 익히 알려진 과정이기도 합니다. 이를 위해 먼저 살펴볼 인물은 신대륙 개척자라고 알려진 콜럼버스(Cristoforo Colombo, 1451-1506)입니다.

콜럼버스는 이탈리아인 항해사였습니다. 그는 대양을 항해하며 탐험을 하고 싶어 유럽의 여러 왕조들을 찾아다니며 도움을 요청했다고 합니다. 그 가운데 이베리아반도의 카스티야 왕국이 그를 지원하여 그는 신대륙 탐험에 나설 수 있었습니다. 전승에 따르면 아메리카 대륙을 최초로 발견한 사람이 콜럼버스는 아니라고 합니다. 하지만 유럽에서 아메리카로 뻗어 가는 서인도 항로를 발견하면서 유럽인들이 신대륙으로 진출하는 길을 열었다는 점에서 그를 높이 평가합니다.

콜럼버스의 신앙에 대해 한 걸음 더 들어가 봅시다. 가톨릭 신자인 그는 자신이 신대륙을 발견한 것이 하느님의 이끄심이라고 믿었습니다. 그의 믿음은 여기서 그치지 않고, 자신이 발견한 신대륙이 요한묵시록에 기록된 새 하늘 새 땅이라고 여기는 데까지 나아갑니다. 그는 하느님께서 당신의 나라를 실현하기 위해 자신을 선택하시어 전혀 알지 못했던 곳으로 이끄셨다고 믿었습니다. 하느님 나라의 묵시적 표상이 정말로 눈앞에 나타난 것처럼, 그곳이 바로 하느님의 새 땅이라고 경탄했던 것이지요.

하지만 콜럼버스가 기대한 천국은 실현되지 않았습니다. 오히려 새로 개척된 항로를 통해 많은 유럽 국가가 아메리카 신대륙 식민지 건설에 열을 올리면서 그곳은 다툼의 땅, 지배와 확장을 위한 탐욕의 땅이 되고 맙니다. 그때 신대륙에 입성한 한 무리가 바로 청교도입니다.

청교도의 믿음

청교도에게 신대륙은 하느님께서 마련해 주신 축복의 땅이었습니다. 영국 국교회의 박해를 피해 그곳에서 맞이한 자유가 그들의 신앙심을 더욱 강화했지요. 그들에게 그 땅은 이스라엘 백성의 이집트 탈출과 같은 박해로부터의 해방이며, 새로운 약속의 땅이었습니다. 그들은 하느님께서 새로운 영국이자 선택된 백성인 자신들을 통해 그 땅에서 요한묵시록의 표상들을 이루시리라고 믿었고, 자신들은 그곳에 하느님 나라를 세우고 실현할 수 있다고 여겼습니다. 지상에 새로운 예루살렘을 건설하는 것이 하느님께서 선택된 백성과 맺은 계약이라는 믿음을 중심에 둔 청교도들은 묵시적인 천년왕국설을 토대로 아메리카 대륙에서의 새로운 삶을 펼쳐 갑니다.

그들의 사상은 아메리카 대륙 전역으로 퍼져 나가고 선택된 백성과 그리스도의 재림, 그리고 하느님 나라에 대한 지상적 기대들이 더해지기 시작합니다.

신대륙에 도착한 청교도인들의 신앙이 이어져서 지금도 미국에는 개신교 교회와 신자가 많군요?

새로운 땅에 적응하려는 청교도인들에게 신앙은 커다란 버팀목이었습니다. 하지만 시간이 지나면서 새로운 땅에 정착한 이민자들의 신앙적 열성은 식어 갔습니다. 또한 아메리카 신대륙에는 청교도와 같은 열성적인 신앙인들만 이주해 온 것이 아니라, 새로운 땅에 대한 세속적 희망이나 경제적·정치적 야망을 품은 이민자들이 함께 유입되었습니다. 그렇게 이민자들과 섞인 청교도에게 신앙은 점차 우선순위에서 밀려나고 맙니다.

신대륙에 도착한 청교도인들은 자신들이 품고 있던

묵시적이고 종말론적인 이상이 실현되었다고 생각했지만, 현실이 기대에 못 미치자 그들의 신앙은 점차 시들어 갑니다. 신앙에 대한 회의에 더해 인간을 강조하는 계몽주의라는 시대사조까지 유입되면서, 그들의 신앙은 그 첫 마음을 잃고 침체되었지요.

미국의 대각성 운동

그래서 청교도가 사라졌나요? 지금 미국 개신교가 열성적인 것을 보면 거기서 주저앉지는 않았을 것 같은데요.

모든 것을 걸고 그 먼 바다를 건너와 밟은 땅이 하느님께서 마련하신 새로운 땅이라 믿었던 그들인데, 그렇게 식어 가는 신앙을 보고만 있지는 않았겠지요? 미국으로 이주한 영국 청교도들은 자신들의 신앙을 부흥하기 위해 노력합니다. 그 가운데 중요한 사건 하나가 바로 '대각성 운동The Great Awakening Movement'입니다.

대각성 운동은 말 그대로 신자들을 각성시켜 신앙을 일깨우자는 운동이었습니다. 개신교에서 자주 쓰는 표현 중에 '거듭남'이라는 말이 있습니다. 물론 개신교에 한정된 용어는 아니지요. 가톨릭에서는 '다시 태어남'이라고도 표현합니다. 영적인 거듭남, 곧 영적으로 다시 태어나야 한다는 의지입니다. 그들은 회개하고 구원에 대한 확신을 되찾아 영적 침체기를 극복하고 신앙으로 각성되는 체험을 해야 한다면서 사람들을 북돋습니다.

대각성 운동에서 각성해야 할 일차적 대상은 공동체보다 각 개인이었습니다. 개신교 신앙인 한 사람 한 사람은 더 이상 미국이라는 나라의 사회 체제와 제도에 얽매이지 말고, 개별적으로 하느님을 만나는 회심을 체험해야 한다는 요청이었습니다. 이를 통해 청교도 영성을 부활시키는 것이 그들의 목표였습니다. 그들은 신앙적 각성이 조상들의 실패를 성공으로 바꿀 수 있다고 믿었습니다. 그들에게 하느님 나라의 실현은 이상적 사회 건설이라는 사회적 이념과도 결부되었으니까요. 조너선 에드워즈, 조지 휫필드 같은 인물이 이를 주도했습니다.

1720년 뉴저지에 도착한 네덜란드 선교사인 제이콥 프렐링하이젠(Theodore Jacobus Frelinghuysen, 1691-1747)은 경건주의 성향을 지니고 있었습니다. 그는 개신교 신자들에게 올바른 생활과 가치관을 갖게 하고자 생활 실천의 변화를 외치며, 북미 신대륙에 본격적으로 영적인 깨어남을 요청하는 각성 운동을 일으켰습니다.

1730년대에는 프렐링하이젠의 설교를 미국 상황에

맞추어 전파하려는 조너선 에드워즈(Jonathan Edwards, 1703-1758)가 대각성 운동을 이어 나갑니다. 거기에 더해, 영국 성공회 본부에서 조지아에 선교사로 파견된 조지 휫필드(George Whitefield, 1714-1770)는 미국 전역에 성령 운동을 확산시켰습니다. 휫필드는 우리가 잘 알고 있는 개신교 교파인 감리교Methodist Church와도 연관되는데, 그는 감리교 창시자인 존 웨슬리(John Wesley, 1703-1791)와 가깝게 지내며 그 창설에 영향을 주었습니다.

이렇게 청교도와 감리교 할 것 없이 개신교라는 개혁 교회에서 출발한 그들의 신앙은 개별적인 신앙생활에 집중하고 영적인 각성을 추구하는 쪽으로 점차 기울었습니다. 당시 미국의 그리스도교 신앙은 신앙적·신학적인 체계 구축보다 개인의 열성적 신앙 체험을 강조하는 모습이 두드러졌다고 볼 수 있습니다.

개신교하면 먼저 떠오르는 것이 '부흥회'인데, 그럼 부흥회도 일종의 신앙 각성 프로그램인가요?

비슷합니다. 부흥회는 신자들의 믿음을 북돋우고 강화하기 위해서 특별하게 여는 기도 집회를 말합니다. 우리나라에서는 사경회查經會라고도 부르지요. 사경회는 말 그대로 성경 강연을 듣고 공부하고 기도하면서 신앙심을 일깨우고자 하는 모임입니다. 가톨릭에서도 성경을 공부하고 묵상하는 다양한 프로그램이 있지요.

영적 각성 운동과 심화되는 천년왕국설

👥 사회적으로나 영적으로 혼란스러운 상황에서 사람들은 어떤 믿음을 통해 위로를 얻었나요?

👤 영적으로 혼란한 상황에서 '시민적 천년왕국설'이 나타나기 시작합니다. 하느님의 섭리에 의지하는 이들이 종교적 믿음과 국가의 운명을 혼합하면서, 천상의 하느님 나라에 대한 희망은 지상 시민들에게 도래할 일시적 왕국인 천년왕국의 등장을 기대하게 만들었습니다.

영적으로 거듭난 이들, 곧 각성하고 새로 태어난 이들은 선택된 자였고, 선택된 자들에게는 이상적인 사회가 약속되어 있다는 것이 그들의 믿음이었습니다. 그들은 선택된 자신들이 지상에 임시적으로 도래할 하느님 나라를 맞이할 것이라 믿었지요. 또 하느님 나라가 도래할 날이 머지않았으니, 그 나라를 맞이하기 위해 더 많은 사람들을 회개로 이끌어야 한다고 스스로 의식을 고취합니다.

👥 이들은 구체적으로 어떤 신학적 이론을 내세웠나요?

👤 시민적 천년왕국설 역시 요한묵시록 20장을 해석

하는 것에서 시작합니다. 그들은 자신들이 회개한 의인들이며, 천년왕국은 자신들이 그리스도와 함께 다스리는 왕국이라고 주장합니다. 천년왕국설의 골자는, 하느님 나라가 지상에 도래하여 천년왕국이 펼쳐지면 의인들은 지상을 다스리고 악마는 지하에 갇힌다는 것이지요. 천 년이 지나 최후의 심판이 이루어지면 그리스도와 함께 영원한 생명을 얻고요. 그들은 천년왕국의 도래를 그리스도 재림 이전으로 보는지, 이후로 보는지에 따라 이 이론을 전천년왕국설premillennialism과 후천년왕국설postmillennialism로 나눕니다.

이 주장들은 모두 하느님의 시간을 인간의 시간 개념으로 생각하여 만든 그들만의 이론입니다. 전천년왕국설은 말 그대로 예수 그리스도가 지상에 먼저 재림하시고 그다음 천년왕국이 실현된다는 주장입니다. 여기서 그리스도의 재림이나 천년왕국의 실현은 모두 인간적 차원으로 지상에서 실현된다고 기대합니다. 후천년왕국설은 천년왕국이 먼저 이루어지고 천 년이 지나면 그리스도가 재림한다는 주장입니다. 이 또한 지상의 시간 개념에서 천년왕국 시기를 설정한 것입니다. 영적 대각성 운동은 후천년왕국설과 관계있는데, 그리스도가 직접 출현하지 않고도 하느님의 영이 도래할 수 있다는 믿음에서 출발하지요. 그리고 그리스도의 재림보다, 성령에 의해 인도되는 영적 각성으로 이루어질 천년왕국의 지상 실현이 먼저 이루어질 것이라 기대합니다.

👥 이렇게 천년왕국설이 세분되고 심화하는 모습들을 보면, 대각성 운동으로 다시 부상한 천년왕국 사상이 점점 더 인간적 차원으로 쏠리는 것 같아요. 미국 사회가 진보되고 개혁되면, 지상 낙원인 천년왕국이 그 땅에 실현될 것이라는 기대를 품고 말이지요.

👤 신앙을 갖지 않은 이들이 이주해 오고, 미국 사회는 산업화와 도시화로 급격한 변화를 맞이했습니다. 이런 변화가 미국 개신교 신자들에게는 달갑지 않았습니다. 자신들의 신앙적인 노력에도 불구하고 세속화한 문화가 성장하여 사회에 불화를 가져왔다고 본 것이지요. 사회가 아무리 발전해도 그들에게는 혼란이요 위기였습니다.

👥 교회가 어지러울 때마다 등장했던 세속화한 종말 사상과 천년왕국설이 미국 개신교를 휘감은 것도 그 배경이라고 볼 수 있겠군요?

👤 좀 더 엄격하고 충실하게 살아가려는 미국 개신교 신앙인들에게 복잡한 환경과 사회적 혼란은 걸림돌이었습니다. 그래서 그들은 이 혼란을 잠재울 그리스도의 지상 재림을 더 간절히 고대하고, 이를 통해 이루어질 변화에

대한 기대를 키워 갔습니다. 그들에게 하느님 나라는 하느님께서 이루시는 것이 아니라 인간이 이룩해야 하는 천년왕국의 묵시적 표상으로도 나타났습니다.

세대주의 천년왕국설

조급한 기대를 품고 있던 미국 교회에 다시금 퍼지기 시작한 천년왕국 사상은 또 다른 양상을 보입니다. 사실 역사에서 반복해서 나타나기 때문에 꼭 새롭다 할 수는 없지만, 지금까지도 전해지는 천년왕국 사상의 전개 형태이기 때문에 주의 깊게 살펴볼 필요가 있습니다.

전천년왕국설과 후천년왕국설 말고도, 또 다른 형태의 천년왕국설이 있는 건가요?

지금부터 설명하려는 천년왕국설은 전천년왕국설에서 세분화된 형태라고 할 수 있습니다. 17세기 초, 성경을 예언적으로 해석하고 성경을 통해 구원 역사를 분석하려는 시도가 미국과 영국에서 본격적으로 나타납니다. 거기에 더해, 현대화에 맞서는 반反현대화를 지향하고 변화를 타락으로 여겨 극도로 경계하며 변하지 않는 것을 추구하는 근본주의 경향이 짙어집니다. 이는 미국 개신교의 종말론적 정서에 묵시적 색깔을 입혀, 그들의 믿음을 더 굳게 할뿐더러 선교 수단이 되었습니다. 이를 세대주의 (전)천년 왕국설Dispensationalism (Pre)millennialism이라고 합니다.

이 사상은 기존 천년왕국설에 다니엘서 12장의 마지막 때에 관한 주관적인 해석을 덧붙였습니다. 세대주의 천년 왕국설을 이해하기 위해서는 그들의 주장이 지상, 공중空中, 하늘을 분명하게 구분한다는 점을 먼저 생각해야 합니다. 거기에는 이 세 곳이 죽음 이후의 세계가 아니라 인간의 현실 세계라는 전제가 깔려 있습니다.

세대주의 천년왕국설의 시나리오는 이렇습니다. 세상의 마지막 때에 7년 동안 대환란이 있을 것입니다. 그런데 그 일이 일어나기 전에 그리스도가 하늘과 땅 사이의 빈 곳인 공중에 재림합니다. 이때 그리스도를 믿다가 죽은 이들은 부활하여 당시에 살아 있는 이들과 함께 공중에 올라 예수를 만나 환란을 면합니다. 이것이 세대주의 천년왕국설이 주장하는 첫째 부활입니다. 그리하여 공중에 오른 이들은 7년 동안 계속되는 어린양의 혼인 잔치에 참여합니다. 그들이 공중에서 잔치를 누리는 동안 지상에서는 그리스도의 적이 다스리는 7년간의 대환란이 벌어집니다. 그리고 그 환란의 마지막 때에 그리스도는 천년왕국을 세우기 위해 지상에 재림하여 아마겟돈

Armageddon 전쟁을 일으킬 것입니다. 이 전쟁을 통해 그리스도는 지상의 환란을 종식하고, 악의 세력인 그리스도의 적을 정복하며, 사탄을 결박해서 지하에 가둘 것입니다. 천년왕국은 이렇게 이루어지고, 아마겟돈 전쟁에서 살아남은 이들은 지상에 내려와 왕이 될 것입니다. 이것이 세대주의 천년왕국설이 주장하는 둘째 부활입니다. 천년이 지나면 지하에 갇혔던 사탄은 일시적으로 풀려나지만, 예수는 최후의 심판을 통해 사탄을 파멸의 불 못으로 던져 버리고, 예수를 믿었던 이들을 영원한 천국으로 이끄시리라고 주장합니다. 이것이 세대주의 천년왕국설이 주장하는 마지막 부활, 곧 셋째 부활입니다.

정리해 보면 '그리스도의 공중 재림 - 대환란 - 그리스도의 지상 재림 - 천년왕국 - 최후 심판 - 새 하늘과 새 땅' 정도가 되겠지요. 그리스도의 재림이 공중과 지상에서 각각 한 번씩, 그러니까 총 두 차례 있다는 주장이지요. 어떻습니까? 좀 복잡하지요?

천년왕국설의 극단화

천년왕국설이 극단으로 치닫는 길도 여러 가지인 것

같습니다.

🧑 이렇게 흘러 온 천년왕국설을 유사 종교 이단 분파에서 더욱 극단화합니다. 존 다비(John Nelson Darby, 1800-1882)라는 인물이 다시금 전천년왕국설을 체계화하는데, 그의 주장을 따라가 보면, 지금 우리 주변에 퍼져 있는 천년왕국설과 비슷한 내용을 확인할 수 있습니다.

다비는 성경을 근거로, 창조부터 완성에 이르는 하느님의 역사를 세대별로 구분했습니다. 곧 아담부터 예수 그리스도의 죽음까지를 다섯 세대로 나누고, 교회의 시기를 여섯째 세대로 구분했습니다. 그런데 여섯째 세대와 일곱째 세대 사이에 '휴거'라는 개념이 등장합니다.

👥 휴거요? 시한부 종말론자들이 하는 이야기지요? 아마 지금 이삼십 대 대다수는 이 말을 들어 본 적이 없을 것 같습니다.

🧑 그렇지요. 휴거(携擧, rapture)란 '하늘로 오름'이라는 뜻입니다. 1992년에 다미선교회 이장림 목사가 산 사람이 지상에서 공중으로 떠오를 거라는 이 휴거설을 주장해 한국 사회를 떠들썩하게 한 일이 있었지요.

계속해서 다비의 주장을 따라가 볼까요? 다비는 일곱째 세대가 그리스도의 재림으로 시작되리라고 믿었습니다. 그래서 일곱째 세대가 시작되기 전, 즉 여섯째 세대

이후에 그리스도를 믿는 사람들이 세상의 환란을 피해 공중으로 올려지는 '휴거'가 있으리라 주장했습니다. 그리하여 휴거된 사람들은 환란을 면하고, 환란이 끝나면 지상으로 돌아와 아마겟돈 전쟁을 통해 그리스도의 적을 물리쳐 이 땅에서 그리스도의 천년왕국을 세워 다스리게 될 것이라고 다비는 예언합니다. 그는 휴거가 벌어지는 날짜는 특정하지 않았습니다. 그런데 다비 이후에 휴거를 주장한 시한부 종말론자들은 그 날짜까지 지정합니다. 혹시 스코필드라는 이름을 들어 보았나요?

개신교 신자들이 '스코필드 성경'을 들고 다니는 것을 본 적이 있어요.

한국 개신교에는 《스코필드 주석 성경 *Scofield Reference Bible*》으로 알려진 스코필드(C. I. Scofield, 1843-1921)와 무디(D. L. Moody, 1837-1899)는 다비가 주장하는 세대주의 Dispensationalism를 확산합니다.

스코필드가 성경 해석을 통해 주장한 세대주의 신학은 미국 개신교 복음주의 신학의 한 부분을 차지하게 됩니다. 그 영향을 받아 미국에 프린스턴 신학교 Princeton Theological Seminary가 세워졌습니다. 당연히 프린스턴 신학교는 천년왕국설을 연구하고 믿고 가르쳤겠지요. 나중에 더 살펴보겠지만, 한국 개신교회의 유명한 신학자들이 이 신학교에서 공부했습니다.

무디는 천년왕국설을 토대로 대중적 신앙 부흥 운동을 전개했습니다. 그가 설립한 시카고의 무디 성경학교 Moody Bible Institute에서 무디의 영향을 받은 많은 젊은이가 한국에 선교를 왔습니다. 그러면서 한국에도 자연스럽게 그 영향이 미치면서 잘 알려졌지요.

그래서 지금까지도 천년왕국설과 세대주의라고 불리는 천년왕국설의 경향들은 메시아주의와 결부되어 미국은 물론, 한국에도 널리 퍼진 것을 볼 수 있습니다.

이렇게 돌고 돌아 한국까지 천년왕국설이 전해지게 되는 건가요?

이탈리아, 독일, 체코, 영국을 거쳐 신대륙인 미국에 도달한 천년왕국설은 한국까지 전해집니다. 많은 시간이 지나고 여러 문화를 거쳤지만, 천년왕국설은 사라지기는커녕 오히려 다양한 색을 입었지요. 이렇게 우리나라에 도착한 천년왕국설은 개신교 신자들에게 희망을 불러일으키는 이론이 되기도 했고, 기존 개신교회에서 나와 자신만의 집단을 창설하고자 했던 이들에게는 기초 이론이 되기도 했습니다.

3. 한국에 전해진 천년왕국설

한국에 전해진 천주교의 역사

우리나라에 전해진 천년왕국설에 대해 이야기하려면 한국 개신교의 역사를 알아야 합니다. 하지만 그보다 먼저 한국 천주교의 역사를 간략히 살펴보겠습니다. 천주교는 개신교보다 100년 앞서 우리나라에 전해졌고, 선교 방식에서도 조금 차이가 있습니다.

한국 천주교회는 평신도가 스스로 복음을 받아들여 시작되었습니다. 이는 전 세계 가톨릭교회에서 유례없는 일입니다. 다른 나라 가톨릭 신자들도 이러한 한국 가톨릭교회의 역사를 굉장히 훌륭하게 생각하지요. 천주교를 처음 접한 우리 선조들은 그것을 학문으로 먼저 받아들였습니다. 중국에서 들여온 서양의 학문(서학西學)서적을 통해 천주교 교리와 예수님을 알게 되었지요. 참진리이신 하느님을 알게 된 이승훈은 1784년에 사제가 있는 중국으로 가서 베드로라는 이름으로 세례를 받고 조선 사람으로는 처음으로 하느님의 자녀가 되었습니다. 그는 조선에 돌아와 천주교의 참진리를 연구하고 전합니다. 드디어

조선 땅에 가톨릭 신앙이 전해진 것입니다.

다른 나라에서는 대개 외국 선교사가 입국하여 신앙을 전파하였습니다. 현지인들은 선교사들의 말을 전해 듣고, 그들의 모습을 보면서 예수님을 알게 되고 하느님을 믿게 되었지요. 하지만 한국 가톨릭교회는 스스로 진리를 탐구하여 하느님의 존재를 깨달았고 신앙으로 나아갔습니다. 길고 모진 박해를 받으면서도 목숨을 바쳐 신앙을 지켰고, 교회를 재건하기 위해 사제 영입 운동을 펼치기도 했습니다. 1845년, 최초의 한국인 사제 김대건 신부님이 중국에서 돌아오기까지 한국 천주교회는 평신도 스스로 하느님을 알고, 전하고, 신앙을 이어 온 유일무이한 역사를 가지고 있습니다.

한국에 전해진 개신교의 역사

그럼 개신교는 어떻게 우리나라에 전해졌나요?

개신교는 가톨릭보다 100년 늦게, 미국 선교사들을 통해 한국 땅에 전해졌습니다. 그래서 미국 천년왕국설의 상황을 살피다가 한국 개신교 선교 역사 이야기로 자연스럽게 넘어온 것이지요.

🙋 가톨릭은 각 나라에 교구들이 있고 교구에 속한 본당들이 있는데, 개신교의 조직은 단일하지 않은 것 같습니다.
👨‍🏫 미국의 선교사들이 1884년부터 본격적으로 한국에 들어와 개신교 신앙을 전하게 되는데, 사실 그들은 서로 다른 다양한 교파에 속해 있었습니다.

개신교는 종교 개혁을 통해 개별 교회로 존재하기 때문에 큰 줄기는 같을지라도 다양한 모습을 지닙니다. 흔히 '장로교', '감리교' 등과 같은 교회의 구분을 '교파'라고 할 수 있습니다. 앞에서 이야기한 분파 개념과도 비슷합니다. 그리고 교파 안에는 다양한 교단이 존재합니다. 예를 들면 '대한예수교장로회 기장', '대한예수교장로회 통합', '대한예수교장로회 합동'이라는 식으로 장로교파도 다양하게 나뉘는데 이를 개신교에서는 '교단'이라고 부릅니다.

어쨌든 우리에게는 한국 땅에 개신교가 전해질 당시 미국 선교사들이 어떤 신학을 들여왔느냐가 중요합니다. 다시 그들 선교 역사의 초기로 돌아가 보겠습니다.

1884년에 외교관이었던 알렌Horace N. Allen을 통해 장로교가 최초로 전해집니다. 이듬해에는 아펜젤러Henry G. Appenzeller가 조선에 입국하여 감리교를 전파합니다. 아펜젤러는 배재대학교의 전신인 배재학당과 이화여자고 등학교, 이화여자대학교의 전신인 이화학당을 세운 인물로도 유명합니다. 이들은 선교 활동은 물론이고 교육 사업에도 열을 올렸는데, 그중에서도 목회자 양성에 집중했습니다. 양성 교육은 선교사들의 신앙과 지식, 정신과 삶의 태도를 현지인에게 전하는 것이지요. 따라서 당시 선교사들은 한국 개신교의 성격과 방향을 형성하는 데 중요한 역할을 합니다.

한국에 처음 들어온 미국 선교사들의 신학적 전통은 보수적 개신교와 청교도적 모습을 지녔습니다. 이들은 모든 것의 중심을 복음에 두는 복음주의를 바탕으로, 경건하고 올바른 가치관을 강조하며 생활 태도 개선을 촉구하는 경건주의 성향을 지녔습니다. 또한 신앙 부흥 운동과 쇄신을 강조하고, 성경의 유일한 권위와 그리스도의 속죄 교리를 앞세웠습니다. 이런 배경으로 천년왕국 사상은 한국에 도착한 개신교 선교사들에게서 비교적 어렵지 않게 찾아볼 수 있습니다.

한국에 따라 들어온 천년왕국설

한국 개신교 선교 초기 미국 선교사들은 우리가 앞에

서 살펴본 세대주의 천년왕국설의 영향 아래 신앙생활을 영위해 왔습니다. 당연히 자신들의 믿음을 전하는 선교 활동에서도 천년왕국 사상이 빠질 수는 없었겠지요?

좀 더 자세히 살펴보면, 이는 앞서 언급한 무디라는 인물과 관련이 있습니다. 한국에 선교를 온 청년들은 '무디의 학생 자원 운동Moody's Student Volunteer Movement' 소속이었습니다. 캐나다에서는 매년 그 지역에서 성경을 열심히 공부하려는 사람들이 모여 '나이아가라 성경 모임The Niagara Bible Conference'을 만들었습니다. 한국에 온 개신교 선교사 중에 이 모임 참가자들이 있었는데, 그 모임의 지도자 대부분은 천년왕국설을 신봉했다고 합니다. 그들은 천년왕국설을 토대로 한 그리스도론과 성령론, 성경에는 오류가 없다는 성경무오설, 세대주의 신학 등을 공부했던 이들이지요.

미국 개신교 선교사들 가운데 한국행을 선택한 이들에게는, 천년왕국을 맞이하기 위해 그리스도의 재림으로 이루어질 새로운 세대(세대주의 전천년왕국설)를 알리고자 했던 마음이 있었겠군요?

그들은 한국 땅에 개신교 신앙을 전하면서 종말론적 믿음에 따라 회개하고 하느님 나라를 믿으라고 요청했습니다. 개신교 용어로 '거듭남' 또는 '중생重生'이라고 부르는, 다시 태어남에 달린 구원 문제를 설교에서 자주 비중 있게 다루었지요. 하느님 나라가 가까웠으니 회개와 믿음을 통해 거듭남으로써, 그리스도의 재림을 기다려 구원을 얻어야 한다고 강렬하게 설파했습니다.

설교가를 양성하기 위해 평양에 개신교 신학교를 설립한 제임스 게일James S. Gale은 한국에 천년왕국설을 전파한 선교사 중 한 명입니다. 게일은 캐나다에서 무디의 설교를 듣고 깊은 영향을 받았다고 합니다. 그는 앞에서 세대주의 확산에 영향을 주었다고도 한 《스코필드 주석 성경》을 우리말로 번역했고, '대한예수교장로회 신학교'나 '조선예수교장로회 평양신학교'라고 불리는 평양신학교에서 한국 학생들을 가르쳤습니다. 한국 최초의 개신교 신학교인 평양신학교는 장로교 선교사 새뮤얼 모펫Samuel Austin Moffet이 한국인 장로회 교역자를 양성하기 위해 만들었는데, 근본주의 색채가 강한 세대주의 천년왕국 사상을 학풍으로 지녔습니다. 나아가 평양신학교의 근본 자체가 천년왕국을 위한 투쟁을 가르치는 곳이었는데, 이 말인즉 그리스도의 군인처럼 투쟁할 젊은이들을 양성하고자 했다는 뜻이지요.

일제 강점기의 천년왕국설

🧑 천년왕국설을 위한 투쟁을 가르쳤다니, 그로 인해 유럽에서 일어난 혁명과 투쟁이 떠오릅니다. 한국에서도 그 같은 일이 있었나요?

👤 우리는 피오레의 요아킴 시대에 십자군 전쟁과 교회의 세속화가 있었고, 뮌처가 활동한 시대에는 독일 농민 전쟁이 발발했으며, 훗날 영국에서 청교도들이 박해를 받은 역사를 알아보았습니다. 외부로부터 찾아오는 불안과 걱정은 하느님 나라를 갈망하는 종말론적 믿음을 성장하게 했지만, 다른 한편으로는 천년왕국이라는 허상을 만들고 그 나라의 도래를 갈망하게 만들었지요.

한국 사회에도 불안한 상황이 찾아옵니다. 일본이 조선을 침략하여 강제 병합하고 식민 지배를 시작한 것이지요. 일제 강점기에 개신교는, 하느님을 굳게 믿어 온 이들이 압제자들을 가두고 이 땅에서 그들을 무찌르는 승리의 축배를 들게 할 하느님 나라가 오리라는 기대로 부흥하게 됩니다. 그간 천년왕국의 종말론적 사상을 펼쳤던 개신교 신앙은 식민 지배 아래 억압받는 조선인들에게 희망을 주었고 이들은 구원에 대한 기대로 고조됩니다. 그리스도께서 이 세상에 다시 오시어 '그리스도의 적'

인 일본을 패망시키시고 그리스도를 믿어 온 개신교인들을 구원하시리라는 천년왕국에 대한 믿음이 그들에게는 커다란 희망이었습니다.

👥 일제 강점기의 고난 속에서 천년왕국설이 더욱 극대화된 것이, 개신교의 입장에서는 그리 큰 문제처럼 보이지는 않을 것 같은데요?

👤 가톨릭교회는 아우구스티누스 성인이 말한 하느님의 '두 도성' 사이에 있는 신앙을 교리의 토대로 하기 때문에 천년왕국설을 언급하지 않습니다. 우리가 살고 있는 교회가 이미 와 있는 지상의 하느님 나라 도성이며, 최종 목적지인 천상의 하느님 나라 도성은 아직 기다려야 하기 때문이지요. 그렇기 때문에 천년왕국설은 허상일 뿐입니다. 천국이 지상에 도래한다는 가르침은 죽음 이후의 세계를 부정하고 하느님의 것을 인간의 것으로 축소한 주장에 불과합니다.

하지만 종교 개혁 분파의 커다란 흐름에서 천년왕국설은 완강히 거부되어야만 하는 사상은 아니었습니다. 그것은 한편으로는 개신교인들의 신앙이기도 합니다. 그럼에도 불구하고 한국에 전해진 천년왕국설은 특별한 옷을 한 겹 덧입으면서 극단화됩니다. 또 신앙의 궁극적 완성인 구원을 다르게 이야기하며 개신교 기존 분파에서 갈라져 나온 이단들이 이 이론을 이용합니다. 그들은 천년왕국 사상을 토대로 예수가 지상의 한 사람에게 재림했다고 주장하기 시작합니다. 분파를 창설하여 '재림한 예수'로 자처하는 이들이 등장한 것이지요.

👥 자칭 '재림 예수'가 있다고 해도 사람들이 그를 따랐나요?

👤 가능하지 않을 법한 일이 1910년부터 한국 땅에서 펼쳐집니다. 나라의 주권을 빼앗기고 끝이 보이지 않는 식민 지배의 절망 속에서, 사람들은 구원자가 나타나 압제자들을 벌주고 자신들을 구해 주기를 바라지 않았을까요? 이렇게 천년왕국설은 피폐한 식민지 백성의 마음속에 파고들었습니다.

4. 신비주의 이단 분파의 확산

사람들을 유혹하는 신비주의 이단 분파

👤 사람들을 현혹한 이단 가운데 자신이 신비 체험을 했다고 나서는 이들이 나타납니다. 그들은 앞날을 예견할 사

람은 오로지 자기뿐이라면서 자신을 믿고 따른다면 지금의 고통에서 해방되고 승리를 거두리라고 사람들을 선동했지요. 이들을 '신비주의 이단 분파'라고 부릅니다. 이들의 주장을 따라가 보면, 결국 그 속내는 교주를 구원자로 만드는 것입니다. 그들은 신비 체험을 결정적인 이유로 앞세워 교주를 재림 예수로 둔갑시켰고, 뒤로는 이득을 챙겼습니다. 언뜻 보기에도 말이 안 되지요?

질문 하나 하겠습니다. 혹시 내일이 불안하고 궁금할 때, '내가 이 시험에 붙을 수 있을까?', '나는 뭘 해야 돈을 많이 벌 수 있을까?', '이걸 지금 사는 게 맞을까? 조금 있으면 값이 떨어져서 손해 보는 것 아닌가?' 하고 고민될 때 여러분은 어떻게 하나요? 하느님을 충실히 따르는 사람은 바로 '성당 가서 기도하며 하느님의 뜻을 찾아요!'라고 대답하겠지요? 하지만 많은 사람이 미래에 대한 궁금증이나 불안이 찾아오면 점집에 갑니다. 무속인들이 풀이해 주는 점괘를 통해 다가올 운명을 알 수 있고, 또 바꿀 수도 있다 하니 복채를 들고 찾아갑니다. 요즘에는 인터넷으로 타로나 운세를 점치기도 하고요.

그런데 성당에서는 점을 보지 말라고 합니다. 왜 그럴까요? 점집을 운영하는 무속인과 신비주의 이단 분파의 교주는 서로 비슷한 점이 있습니다. 떠돌아다니는 영혼(魂)이 자신에게 내려와 신령한 힘을 주기에 자신이 특별한 존재라는 것이지요. 점집에서는 그 힘을 통해 앞일을 예견할 수 있다고 강조합니다. 마찬가지로, 신비주의 이단 분파 교주들도 신비 체험을 통해 앞날을 내다볼 수 있다고 주장합니다. 그날은 멸망의 날인 종말, 곧 천년왕국이 도래하는 날이지요.

한 여인의 이야기를 들려드리겠습니다. 1900년도 초, 산후우울증으로 힘들어 하는 한 여인이 있었습니다. 그녀를 안타깝게 바라보던 한 개신교 신자가 그녀를 교회로 이끌었지요. 그녀는 교회에 나가서 세례를 받고 열심히 기도하다 보니, 우울증이 사라지고 마음에 평화가 찾아오는 것을 느낍니다. 그늘진 얼굴이 밝아졌고, 주변 사람들도 하느님의 특별한 은혜가 그녀에게 내렸다고 감탄했지요. 이런 분위기 속에서 그 여인도 '하느님께서 나에게 특별한 은혜를 내려 주시는구나!', '아! 내가 하느님과 특별한 관계를 맺고 있구나' 하는 믿음을 갖게 되었고, 기도하면서 마음이 뜨거워지는 체험도 종종 했습니다. 그렇게 열심히 신앙생활을 하는 그녀를 보고, 어려움에 처해 있는 교인들은 함께 기도해 달라고 부탁을 합니다. 왜 우리도 신부님이나 수녀님, 주변 사람들에게 기도를 부탁하지 않습니까? 기도를 부탁한 사람들은 나중에 기도한 바가 잘 해결되면 그 여인에게도 기쁨과 감사를 표현했지요. 인사를 받은 그 여인은 속으로 '아! 정말 내가 하느님께 특별한 사람이구나!'라고 믿게 되고, '기도할 때 내 가슴과 몸이 뜨거워지는 걸 느꼈는데, 그때 나한테 무슨 일이 일어난 건가?' 하고 궁금해합니다. 급기야 '돌아가신 예수님께서 다시 오신다고 약속하시면서 성령을 보내셨는데, 그 성령이 나한테 내린 건가? 그럼 내가 재림한 예수로 선택받은 건가? 맞네! 내가 재림한 예수네!'라고 주장하게 됩니다. 황당하지요?

신비주의 이단 분파에 현혹되는 이유

어떻게 이런 사람들의 주장을 따라갈 수 있을까요?

그들을 이해하기 어렵지만, 한편으로는 얼마나 힘들고 의지할 데가 없었으면 무속인이나 유사 종교 이단 분파에 자신의 모든 것을 쏟아부을까 싶어 가엾은 마음이 듭니다. 당장의 해결책을 바라는 절박함을 이용해서 속이는 사람들에게 마음도 시간도 삶도 모두 빼앗기는 것이지요.

안타까운 것은 이런 터무니없는 주장을 조금씩 변형해서 결국 같은 맥락을 내세우는 사람들이 한국에 무척

많다는 것입니다. 자신을 재림한 예수라고 주장하는 사람이 무려 50명이 넘는다고도 하지요. 이들은 재림 예수인 자신을 따르는 사람들을 모아, 이 선택받은 무리에 속해야만 구원받을 수 있으며, 정해진 수가 차고 때가 오면 세상은 멸망하되 자신들은 살아남으리라 강변합니다.

👥 자신들의 이익을 위해 천년왕국설을 교묘하게 짜맞춘 것 같은데요.

👤 미국에서 시작된 이런 흐름이 지금도 한국에서 이어지고 있습니다. 이런 주장을 펼치는 분파는 크게 세 가지로 나눌 수 있습니다. 첫째로 미국에서 발생해 한국으로 전해진 '여호와의 증인'이나 '몰몬교' 등을 들 수 있고, 그다음으로 미국에서 시작되었지만 한국에서 특화된 '하나님의 교회'가 있습니다. 끝으로 한국에서 자생해서 확산된 '세계평화통일가정연합(통일교)'과 '신천지예수교증거장막성전'이 있습니다. (※이는 가톨릭교리와 가톨릭 신학적 시각에 입각한 판단임을 밝힙니다.)

사실 사람들이 왜 그들을 따르는지에 대해서는 다양하게 해석해 볼 수 있습니다. 심리 분석 연구 결과들은 정서적으로 아픔이 있거나 불안한 심리를 지닌 이들이 더 현혹되기 쉽다고 이야기합니다. 앞에서 본 것처럼, 천년왕국설이 활개 쳤던 시기 역시 사회적 불안정기일 때가 많았습니다. 천년왕국설이 사람들의 불안을 잠재울 현실적 대안으로 여겨졌던 것이지요. 게다가 눈에 보이는 한 사람이 구원자라고 등장했으니, 그들에게라도 의지하고 싶었을 겁니다.

오늘날도 다르지 않습니다. 현대의 천년왕국설에 기초한 유사 종교 이단 분파들은 현실에서 혼란을 겪는 이들에게 주로 다가갑니다. 그래서 젊은이들이 많이 현혹되지요. 청소년기에는 치열하게 입시를 준비하고, 졸업하면 취업 전선에 뛰어들었다가 그 뒤 혼인과 출산, 육아로 이어지는 삶을 살다 보면 누군가에게는 현실 자체가 감당할 수 없는 압박이 될 것입니다. 또 어느 정도 성취를 이룬 중년이 되어서도 마음에는 공허함이 감돌고 아무도 내 말을 들어 주지 않는다고 느낀다면, 14만 4천 명의 회원을 끌어모으기 위해 친절을 가장하고 다가오는 이들에게 마음을 빼앗겨, 살아 있는 한 사람을 구원자로 믿는 일까지 벌어지는 것이지요.

이렇게 답답하고 아픈 현실에도 불구하고, 우리는 결코 어떤 한 사람이 예수 그리스도를 대신하는 구원자가 될 수 없다는 점을 기억해야 합니다!

계시의 올바른 이해: 사적 계시와 공적 계시

'예수님께서 영광스럽게 나타나시기 전에 어떠한 공적 계시도 바라지 말아야 한다'라는 말을 들어 본 적 있나요? 마태오복음 24장에서 예수님께서는 '내가 그리스도다'라고 사람들을 현혹하는 이들을 따라가지 말라고 당부하셨습니다. 공적 계시란 '구원'에 필요한 '하느님의 뜻'이 '모든 사람들'에게 주어진 것을 말합니다. 영원한 생명인 구원에 이르는 하느님의 뜻은 사도들과 예언자들을 통해서도 주어졌지만, 그리스도 예수님에게서 결정적으로 밝혀졌습니다. 그래서 우리는 예수님을 만나고 시메온처럼 "제 눈이 당신의 구원을 본 것입니다"(루카 2,30)라고 고백할 수 있게 되었지요.

사적 계시는 공적 계시와 결코 분리해서 생각할 수 없습니다. 사적 계시는 계시를 받은 당사자나 특정 지역의 신앙 공동체를 위한 하느님의 계시에 속합니다. 따라서 공적 계시에 따른 삶을 더욱 충만하게 살아가도록 돕는 역할을 하고, 어떠한 방식으로든 공적 계시를 벗어나거나 보완하려는 것이 '절대' 아닙니다.

그렇다면 루르드나 파티마에서 성모님이 발현하신 것은 사적 계시에 해당하나요?

성모님이 여러 장소에서 발현하시는 것도 사적 계시라 할 수 있습니다. 이는 예수 그리스도의 구원에 대한 우리의 믿음이 더욱 충실해지도록 도울 뿐, 성모님을 신격화하려는 시도는 결코 아닙니다.

그렇다고 해서 개인이 겪은 다양한 영적 체험을 모두 사적 계시라고 여기지는 않습니다. 교회가 사적 계시임을 인정해야 하는데 여기서 중요한 문제는 이 판단을 누가 하느냐입니다. 이 직무는 교회의 교도권에 속하는데, 소속 교구의 교구장 주교가 맡고 있습니다. 주교들은 사도들을 계승하여 복음 선포의 임무를 수행하며, 교회 공동체에서 중요한 책임을 맡고 있지요. 이때 주교들은 개인적인 판단을 배제하고, 신학자들의 의견을 바탕으로 다른 주교들과의 협력 안에서 교도권을 행사합니다.

교회가 사적 계시를 어떤 기준으로 판단하는지도 중요하지만, 일단 교회가 공인하지 않은 신심 모임에는 참석하지 않는 것이 좋습니다. 자신이 하느님의 특별한 메시지나 계시를 받았다고 하거나, 자신이 하는 기도를 함께 바치면 바라는 일이 이루어진다고 기복적인 분위기를 조성하는 이들이 있습니다. 성당 외에 다른 곳에서 자기들과 함께 성경 공부를 하면 성경을 쉽게 이해할 수 있다고 광고하거나, 성경만을 강조하며 성경 지식이 부족한 이들을 채근하는 이들도 있습니다. 그리고 자신을 따르면 다가올 화禍를 면할 수 있다는 식으로 말하는 이들도 있습니다. 이들 대부분은 천년왕국설을 주장하는 유사 종교 이단 분파의 흐름과 다르지 않다는 것을 꼭 기억하시기 바랍니다! 만약 이런 사례들을 마주한다면 신부님께 알려야 합니다. 가톨릭 신앙은 보편됩니다. 따라서 거기서 벗어나는 신앙을 주장하는 이들은 우리와 같은 하느님을 고백한다고 볼 수 없다는 점을 항상 잊지 말아야 합니다.

사적 계시에 대한 주의

"새롭고 결정적인 계약인 그리스도의 구원 경륜은 결코 폐기되지 않을 것이며, 우리 주 예수 그리스도께서 영광스럽게 나타나시기 전에는 어떠한 새로운 공적 계시도 바라지 말아야 한다." 그러나 계시가 완결되었다고는 해도 그 내용이 완전히 명백하게 드러난 것은 아니다. 그러므로 그리스도교 신앙은 시대를 살아가며 계시의 내용 전체를 점진적으로 파악해 가야 할 것이다.

〈가톨릭 교회 교리서〉 66항

세월이 흐르는 동안 이른바 '사적' 계시들이 있었고, 그중의 어떤 것들은 교회의 권위로 인정받기도 하였다. 그러나 이것들은 신앙의 유산에 속하는 것이 아니다. 이런 것들은 그리스도의 결정적 계시를 '개선'하거나 '보완'하는 것이 아니라, 역사의 한 시대에서 계시에 따른 삶을 더욱 충만하게 살 수 있도록 돕는 데에 지나지 않는다. 교도권의 인도에 따라, 신자들은 신앙 감각으로 이러한 계시들 가운데에서 그리스도나 성인들께서 교회에 하신 진정한 호소를 식별하고 받아들이게 된다.

〈가톨릭 교회 교리서〉 67항

신비주의 운동과 가톨릭 신비주의의 차이

👥 그런데 앞에서 소개한 그 여인의 기도와 신앙도 하느님 체험에서 출발한 것 아닌가요? 이들의 신비주의 운동과 가톨릭의 신비주의는 어떻게 다른가요?

👤 우선 이들을 '자칭 신비가'라고 해 봅시다. 자칭 신비가들의 신비주의와 가톨릭 신비주의는 명백한 차이가 있습니다. 첫째는 예수님입니다. 자칭 신비가들은 자기가 예수님이라고 주장합니다. 그들의 주장에 따르면, 예수님은 십자가에 죽으심으로써 구원 사업에 실패하셨습니다. 그분이 십자가에서 돌아가실 때 성령이 빠져나왔는데, 자칭 신비가들이 신비 체험을 하는 동안 그때 빠져나온 성령이 자신들에게 임했다고 주장하지요. 그래서 자신들이 성령의 선택을 받아 재림한 예수가 되었다는 것입니다.

👥 좀 어려운데, 그렇다면 가톨릭교회가 말하는 신비 체험은 무엇인가요?

👤 바오로 사도는 우리에게 신비를 이렇게 설명합니다. "그 신비는 여러분 가운데에 계신 그리스도이시고, 그리스도는 영광의 희망이십니다"(콜로 1,27). 신비란 바로 돌아가시고 묻히셨으나, 부활하시어 우리 가운데 영원히 함께하시는 예수님이라는 것입니다. 따라서 올바른 신비 체

험은 예수 그리스도를 만나는 것입니다. 예수 그리스도를 관상한다고도 하지요. 예수님을 바라보고, 우리와 함께하시는 그분 우리 안에 모시는 것이 바로 가톨릭의 신비 체험이라고 할 수 있습니다.

👥 하느님께 간절히 기도할 때 어느덧 내 뜻이 아닌 하느님의 뜻으로 마음이 채워져 평온해지는 경험을 한 적이 있었어요.

🧎 자신을 비울 때 하느님을 모실 수 있고, 하느님이 내 안에 채워질 때 자신이 비워지기도 합니다. 이것이야말로 그리스도교의 신비 체험이지요. 이러한 신비 체험은 성당에서 기도할 때만 일어나는 것은 아닙니다. 일상생활에서 나를 낮추고 하느님께 자리를 내어 드릴 때 더 큰 기쁨과 행복이 찾아오는 것을 느껴 보셨나요? 내 뜻이 아니라 하느님의 뜻이 나 자신을 감싸는 것과 같은 체험에서 우리는 살아 계신 신비 자체이신 하느님을 만나게 됩니다.

천년왕국설을 주장하는 자칭 신비가들의 신비 체험은 이와 완전히 다릅니다. 그들의 신비 체험에서는 예수님이 아니라 자기 자신이 두드러지니까요. 조금 더 논리적으로 설명해 보면, 올바른 신비 체험을 하는 사람들은 결코 자신을 신적 존재에 흡수시키지 않습니다. 하느님은 우리 곁을 찾아오실 때, 우리 자신을 없애시거나 당신에게 흡수시키지 않으십니다. 고유한 우리 자신을 바라봐 주십니다. 우리가 누군가를 사랑할 때 그 사람을 내 방식대로 끼워 맞추려 하면 그 관계는 오래 지속될 수 없지요. 마찬가지로 하느님께서도 우리에게 온전한 사랑을 주시기 위해 우리의 존재 자체를 사랑해 주십니다. 그 경험이 바로 신비 체험입니다.

👥 그런 신비로운 하느님 현존을 체험하려면 어떤 자세를 갖추어야 할까요?

🧑‍🦱 먼저 그리스도의 사랑을 받을 준비를 해야 합니다. 우리 자신을 비우는 일이지요. 두 손에 다른 것을 들고 있다면 누군가 정말 필요한 것을 주어도 받을 손이 없잖아요? 이처럼 먼저 우리를 비워야 합니다. 비워야만 하느님께서 찾아오실 수 있기 때문입니다. 그리고 비워진 우리에게 하느님이 찾아오시면, 우리는 자신의 부족함을 스스로 깨닫게 됩니다. 하느님과의 만남이 깊어지면 깊어질수록 우리의 부족함을 깨닫게 되고, 하느님의 사랑을 느끼면 느낄수록 더 큰 사랑을 만나고 싶은 열망이 자라나게 됩니다.

하느님 나라에서 그분의 얼굴을 온전히 마주보기 전까지 우리는 항상 부족함을 느끼면서 살아갈 수밖에 없습니다. 그래서 이 지상에서는 하느님과의 만남이 완전히 실현될 수 없다고 하는 것입니다. 우리가 '완전하다'라고 할 때부터 불완전해지기 마련입니다. 완벽하게 지은 건물도 시간이 지나면 낡기 마련이고, 이 사람과 내가 완전한 사랑을 한다고 믿어도 흔들리기 마련입니다. 그러나 우리에게 없는 완전함이 하느님께는 있고, 우리에게 있는 불가능이 하느님께는 없지요.

하지만 안타깝게도 우리 주변에는 완벽해지고 싶고, 완전해지고 싶은 마음에 '나는 완벽하다', '나는 완전하다', '우리 집단만이 구원받을 수 있다'라고 주장하는 이들과 그들을 따라 나서는 사람들이 있습니다. 그들이 주장하는 왕국은 하느님 나라가 아니라 자신만의 천년왕국입니다. 역사 안에서 끊임없이 세속화한 천년왕국설은 우리 시대에도 여전히 그 세를 떨치고 있습니다.

가톨릭교회는 천년왕국설을 한 번도 인정한 적이 없습니다. 그와 유사한 형태의 주장도 마찬가지입니다. 이를 명심하여 최근까지 변용된 '자칭 신비가'를 앞세워 천년왕국설을 주장하는 이들의 현혹에서 우리의 고귀한 신앙을 지키기를 바랍니다.

> **천년왕국설에 대한 가톨릭교회의 비판**
>
> 거짓 그리스도의 이 사기는, 역사를 넘어 종말의 심판을 통해서만 비로소 완성될 수 있는 메시아에 대한 희망을 역사 안에서 이룬다고 주장할 때마다 이미 이 세상에 그 모습을 드러냅니다. 교회는 장차의 메시아 나라를 왜곡한 이른바 '천년왕국설'과 그 완화된 형태까지도 배격했으며, 특히 "본질적으로 사악한" 세속화된 메시아 신앙의 정치적 형태를 배격했습니다.
>
> 〈가톨릭 교회 교리서〉 676항

천년왕국과 하느님 나라

초세기 교회에서 시작된 천년왕국설이 현대까지 이어오다니 길고도 오랜 역사입니다. 도대체 무엇이 어디서부터 잘못되어 그런 주장이 나왔을까요?

결국 천년왕국설은 하느님 나라를 오해한 데서 생겨났습니다. 그러나 그 오해가 이렇게 오래도록 일파만파로 번진 데는 죽음을 피하고 싶은 인간의 욕망, 지상에서 천상 복락을 누리고 싶은 인간의 바람이 크게 작용했습니다. 물론 그 욕망과 바람은 사회가 어지럽고 불안할 때 사람들이 약해진 틈을 비집고 들어왔습니다.

초대 교회 공동체는 곧 도래할 듯했던 예수님의 재림이 더디어지자 조급해졌습니다. 중세의 신앙인들은 교회의 부패와 세속화로 혼란을 거듭했습니다. 민중의 투쟁이 고조된 종교 개혁 시기에는 암담한 현실을 탈피하려는 이들이 지상에 하느님 나라를 실현하려 했지요. 천년왕국설은 시대에 따라 모습을 조금씩 바꾸어 가며 전 세계로 번져 갔습니다. 영국 국교의 박해를 피해 청교도들과 함께 아메리카 신대륙으로 이주하여 자리를 잡았고, 침체기를 맞은 미국 개신교가 신앙을 부흥하면서 근본주의의 옷을 입고 다시 위세를 떨쳤지요. 마침내 미국 개신교 선교사들과 함께 조선으로 들어와, 일제 식민 지배 아래 더 극단화되었습니다.

천년왕국설의 정리

지금까지 천년왕국설의 장대한 흐름에 대해서 살펴보

았습니다. 종말 이야기부터 시작해서 하느님 나라의 열망에 대한 천년왕국설, 그리고 그것을 교회론적으로 종결짓는 역사를 보았습니다. 그럼에도 불구하고 다시 그것을 꺼내어 교회의 쇄신과 하느님 나라의 도래를 향한 기다림으로 삼고자 했던 이들의 바람이 더욱 격화되어 혁명과 전쟁, 도피의 근거가 되는 모습을 보기도 했습니다. 그리고 마지막에는 우리나라까지 전해져서 우리 주변에 아직도 존재하는 유사 종교 이단 분파들이 천년왕국설을 자신들의 주장의 근거로 삼고 있음도 알 수 있었지요.

긴 이야기였지만 천년왕국설을 통해 가톨릭교회의 올바른 종말 교리와 구원에 대한 가르침에 대해 알 수 있었습니다. 교회의 역사에서 갈라진 형제들의 교리와 그들에게서 떨어져 나와 종말신앙을 선전하는 사람들의 주장도 이해할 수 있었고요.

그렇다면 다행입니다! 천년왕국설이 그리스도교 종말신앙을 혼란스럽게 했지만, 사실 가톨릭교회의 종말신앙은 믿는 이들에게 하느님 나라를 향한 참된 희망을 안겨 줍니다. 그리하여 우리가 슬픔과 고뇌 속에서도 종말에 완성될 구원을 바라며 지상의 순례 여정을 충실히 걷게 하지요. 이로써 여러분이 천년왕국설의 헛됨을 알고 식별할 힘을 얻었다면 충분한 결실을 얻었다고 생각합니다.

마지막으로 천년왕국설을 향한 비판과 가톨릭교회의 종말신앙을 정리하면서 하느님 나라를 향한 희망을 키워 봅시다.

7장

하느님 나라를 향한 참된 희망

종말은 파멸이 아니고,
구원이자 희망이군요.

종말신앙은 하느님과 함께 걸어가며
천상 하느님 나라를 향한 희망 안에서
현재를 살아가는 기쁨이 핵심입니다.

여러분들은 무엇을 희망하시나요? 바오로 사도는 로마 신자들에게 편지를 보내며, "우리는 희망으로 구원을 받았습니다"(로마 8,24)라고 전합니다. 이어서 보이는 것은 희망의 대상이 될 수 없고, 보이는 것을 희망하는 것은 희망이 아니라고 힘주어 말합니다.

보이지 않기 때문에 하느님을 찾기란 쉬운 일이 아닙니다. 우리가 바라는 구원이 멀게만 느껴질 때도 있습니다. 일상에서 겪는 경제적인 어려움, 인간관계의 답답함, 여러 시련과 육체적·정신적 고통 앞에서는 더욱 그렇습니다. 한계에 주저앉을 때, 어떻게 일어나야 할지 두렵고 도무지 빛이 보이지 않는 어둠 속에서 헤맬 때도 있을 것입니다. 일찍이 우리의 이런 마음을 알았는지, 시편 저자는 주님 안에서 찾는 희망을 전합니다. 주님은 우리의 목자이시기에 아쉬울 것이 없으며, 우리가 비록 어둠의 골짜기를 간다 하여도 재앙이 두렵지 않습니다. 주님께서 우리와 함께 계시기 때문입니다(시편 23,4 참조).

하느님 나라를 향한 희망은, 눈에 보이지는 않더라도 어렴풋하게나마 지금 우리와 함께하시는 하느님을 체험하면서 커 갑니다. 하느님께서 이미 우리와 함께하시기에 그분께 초대를 받아 모인 공동체인 교회 안에서 우리는 하느님 나라를 미리 맛보고 희망하는 것이지요. 우리는 죽음을 이기신 예수 그리스도의 부활로, 우리 역시 부활하여 영원한 생명을 얻을 수 있으리라는 확신을 얻었습니다. 구원의 완성이며 하느님 나라의 완성인 영원한 생명을 확신하기 때문에 우리는 지금의 행복 안에서 그것의 실현, 곧 우리에게 다가올 구원이라는 완전함과 충만함을 기대하고 믿는 것입니다. 마치, 그리스도의 부활로 물이 가득 찬 컵에 그리스도의 다시 오심이라는 물 한 방울이 더해지면 물이 넘치는 것처럼, 우리는 완성의 그날을 기다리고 있습니다. 마지막으로 하느님과 얼굴을 맞대고 영원한 행복을 누릴 그날을 기다리며 우리가 희망하는 길에 대해서 함께 살펴봅시다.

1. 죽음을 넘어선 희망

그리스도인의 삶과 죽음

👤 지금부터는 죽음 '너머'에 대해 이야기를 해 보겠습니다.
👥 죽음 이후나 다음이 아니고, '너머'라고 하니 특별한 의미가 있을 것 같아요.
👤 우리는 주로 죽음 '이후'에 '어떤 일이 벌어질지', '어디로 가게 될지'에 관심을 갖습니다.

하지만 죽음 '너머'를 바라본다는 것은 우리 세계를 둘러싼 물리적 공간과 같은 개념이라기보다 그것을 '뛰어넘는 차원'이라고 보면 좋을 것 같습니다.

우리는 인간의 시간과 공간이 결국 '제한적'임을 알고 있습니다. 제한은 '한계'를 경험하게 합니다. 한때 인간은 미래를 다가오는 운명으로 여겼습니다. 미래의 내가 성공한 사람이 되든지, 병에 걸리든지 그것이 나에게 주어질 운명이었습니다. 하지만 오늘에 와서는 인간이 미래를 통제할 수 있다고 여깁니다. 미래에 성공하기 위해 끊임없는 경쟁 속에서 승리하려 하고, 승리를 위해 자신을 합리화하며 부도덕한 방법을 택하는 세태가 만연하기도 합니다. 또 병으로 죽을 운명을 바꾸기 위해 다양한 치료를 통해서 수명을 연장하기도 합니다.

그럼에도 불구하고, 다소 절망적으로 들릴지 모르겠지만, 이 모든 경우에도 역시나 인간의 한계라는 무력함을 마주하게 됩니다. 경쟁에서 승리하려 부단히 노력했고, 끊임없이 부를 축적하려 했음에도 여전히 채워지지 않는 공허함 속에서, 또 최상의 의료 시스템을 제공받더라도 고통 속에서 생명을 연장하고 있음을 느끼거나 모두가 맞이하는 죽음의 평등성을 경험해야 할 때, 우리는 한계를 체험합니다.

그럼 인간이 넘어설 수 없는 그런 한계와 무력함을 어떻게 받아들여야 할까요?

그리스도교의 종말신앙에서 그 답을 찾을 수 있을 것입니다.

죽음 앞에 선 인간

천년왕국설에 대한 주장에 가톨릭 신앙으로 응답하기 위해서 죽음에 대해 좀 더 생각해 볼 필요가 있습니다. 천년왕국을 주장하는 사람들은 현실 세계와 하느님 나라의 천상 세계를 구분하지 못 했습니다. 천년왕국설은 현실 세계와 다가올 미래 사이에 또 다른 미래를 만들어 지금 살아가는 이 땅에 무소불위의 왕국이 세워지리라는 기대를 품었고, 결국 물질적인 것에 대한 기대 때문에 그리스도교의 신앙과 멀어졌습니다.

여기서 중요한 점은 천년왕국설과 그리스도교 종말 신앙의 차이점이 바로 죽음을 이해하는 데 있습니다.

👥 천년왕국론자들이 이 땅에서 왕국을 맞이한다고 주장하는 걸 보면 죽음은 생각하지 않는 것 같은데요? 게다가 요즘 우리 주변에서 천년왕국을 주장하는 집단을 따르는 사람들은 지상에서 영생하거나, 혹은 지금의 모습으로 불멸할 수 있다고 믿기도 하니까요.

👤 아무도 피해 갈 수 없는 죽음은 누구나 이야기하고 싶어 하지 않는 주제입니다. 흔히 죽으면 '끝'이라고 때문입니다. 하지만 우리 그리스도교 신앙인은 죽음에 대한 대화를 회피하지 않습니다. 물론 인간적으로 죽음이 두려울 수는 있지만, 두렵기 때문에 회피할 것도, 부정할 것도, 나쁜 것이라고 비난할 것도 아님을 잘 알고 있습니다. 오히려 죽음은 인간의 '마지막'을 밝혀 주고, 현재의 '나'와 죽음 이후의 '나'를 연결해 줍니다.

천상병 시인의 〈귀천〉이라는 시를 아시나요? "나 하

늘로 돌아가리라. / 새벽빛 와 닿으면 스러지는 / 이슬 더불어 손에 손을 잡고, // 나 하늘로 돌아가리라. / 노을빛 함께 단 둘이서 / 기슭에서 놀다가 구름 손짓하면은, // 나 하늘로 돌아가리라. / 아름다운 이 세상 소풍 끝내는 날, / 가서, 아름다웠더라고 말하리라….

천상병 시인은 가톨릭 신자였습니다. 그가 노래한 삶은 바로 소풍의 여정이었습니다. 우리 또한 인간이 태어나서 죽음에 이르기까지의 길을 흔히 나그넷길에 빗대어 이야기하기도 합니다. 가톨릭교회도 전통적으로 인생을 나그넷길, 곧 하느님 나라를 향한 순례의 여정으로 표현했습니다.

순례의 여정이란 최종 목적지를 향해 나아가는 길인데, 천상병의 시에서, 가톨릭 신앙 전통 안에서도, 그 최종 목적지를 '죽음'이라고 말하지 않습니다. 인생은 순례의 길이자 소풍이고, 죽음 역시 그 여정 중 하나로 거쳐 가야 하는 과정이라는 것입니다.

이처럼 모든 인간은 죽음을 맞이합니다. 코헬렛 저자가 "먼지는 전에 있던 흙으로 되돌아가고 목숨은 그것을 주신 하느님께로 되돌아간다"(코헬 12,7)라고 말하듯 죽음은 인간에게 자연적인 현상입니다. 지상에서 잘났든 못났든, 부자이든 가난하든, 행복하다 느끼든 불행하다 느끼든 간에 모두가 죽음의 순간을 맞이합니다.

그렇다고 해도 죽음은 분명 자연스럽게 받아들여지기 어렵습니다. 죽음으로 모든 것을 잃게 될까 두렵기 때문입니다. 인간은 죽음이 가져오는 슬픔과 상실감과 두려움 때문에 죽음을 없애려 하는데, 심지어 지상의 소풍을 끝내지 않고 여기서 영원히 살고 싶어 하는 사람들도 있음을 앞에서 보았습니다.

그러나 죽음을 넘어선 희망을 이야기할 수 있는 것이 그리스도교 신앙이 가진 고귀한 종말론적 희망입니다. 우리가 나누는 이야기를 귀담아 듣는다면, 이 땅에 천국이 이루어지리라는 헛된 희망도, 죽으면 모든 것이 끝나 없어질 것이라는 절망도 극복할 수 있을 것입니다. 천년왕국론자들이 기대했던 천년왕국은 지금까지 단 한 번도 실현된 적이 없습니다. 설령 지상에서 영원히 살 수 있다 한들, 점점 퇴화하는 육체를 어떻게 감당하겠어요? 천년왕국설의 주장에 맞서 한 가지 분명한 것은 죽음은 새로운 삶으로 옮겨 가는 과정이고, 따라서 죽음은 지상의 삶과 천상의 삶을 연결해 준다는 점입니다. 이것이 참된 그리스도교 신앙임에도 불구하고, 그리스도교 안에서 천년왕국설을 주장한 사람들은 지상의 삶과 천상의 삶을 구분하지 못하고, 천상의 삶을 지상의 삶에 흡수시키려 했습니다. 그들은 죽음을 겪지 않은 채로 맞이할 천국이 지상에 펼쳐질 것처럼 주장했지만, 그 천년왕국은 실현되지 않았습니다. 급기야 특정인을 천년왕국을 일으킬 메시아로 지정하고 자신들이 영생할 것이라고 주장하였으나, 그 사람들조차 여느 인간들처럼 죽음을 맞이함으로써 그 집단은 해체되었습니다.

분명한 것은 하느님께서는 당신 아들 예수 그리스도를 통해서 인간을 죽음에서 구원하셨다는 것입니다. 그것이 분명한 이유는 예수 그리스도께서 우리와 같은 모습으로 육을 취하시고 세상에 오셔서, 모든 인간이 맞이할 수밖에 없는 죽음을 똑같이 겪으셨지만, 죽음을 이기신 부활로 우리가 알고 있는 죽음을 완전히 바꾸셨기 때문입니다. 예수님의 부활 사건은 분명하고도 확실한 사건이니까요.

그리스도의 죽음과 부활을 고백하는 이들에게 죽음은 부정하면서 그 앞에서 절망하며 주저앉아야 할 대상이 아니라 새로운 삶으로 옮겨 가는 과정으로 바뀌었습니다. 죽음으로 모든 것이 완전히 소멸한 듯 보이지만, 예수님께서는 죽은 이들이 부활하리라고 확실히 가르쳐 주셨습니다. "무덤 속에 있는 모든 사람이 그의 목소리를 듣는 때가 온다. 그들이 무덤에서 나와, 선을 행한 이들은 부활하여 생명을 얻고 악을 저지른 자들은 부활하여 심판을 받을 것이다"(요한 5,28-29; 참조 마태 22,31; 루카 20,36). 그리스도께서는 우리에게 부활과 영원한 생명에 대해 미리 알려 주고자 하셨습니다. 이어서, 그리스도께서는 '보고서야 믿는'(요한 20,29 참조) 우리의 마음을 알아보시고 부활하신 당신을 직접 보여 주셨습니다. 이를 두고, 바오로 사도는 죽은 이들이 그리스도로 말미암아 마지막 날에 부활할 것이며, 이 종말의 때에 생명을 얻으리라는 것을 알려 줍니다(로마 5,18 참조). 새로운 생명으로 주어지는 삶은 '영광스러운 몸'으로 얻게 될 것이라고 덧붙여 우리 믿음의 확신을 심어 주지요. "우리는 … 구세주로 오실 주 예수 그리스도를 고대합니다. 그리스도께서는 만물을 당신께 복종시키실 수도 있는 그 권능으로, 우리의 비천한 몸을 당신의 영광스러운 몸과 같은 모습으로 변화시켜 주실 것입니다"(필리 3,20-21).

그래서 우리는 죽은 이들을 위한 미사 때마다 영광스러운 몸을 향한 여정인 죽음이 새로운 삶으로 옮겨 가는 과정임을 고백하는 것입니다. "주님, 믿는 이들에게는 죽음이 죽음이 아니요 새로운 삶으로 옮아감이오니 세상에서 깃들이던 이 집이 허물어지면 하늘에 영원한 거처가 마련되나이다"(《로마 미사 경본》, 위령 감사송 1).

더 이상 죽음은 우리의 운명을 가로막는 벽이 아니라 '미래의 영광스러운 부활로 가는 조건이며 길'이자, 알렉산드리아의 클레멘스 교부의 말처럼 그리스도께서는 일몰을 일출로 바꾸셨기에 죽음은 새로운 삶의 시작입니다. 이를 두고 바오로 사도는 이렇게 고백합니다. "죽음아, 너의 승리가 어디 있느냐? 죽음아, 너의 독침이 어디 있느냐?"(1코린 15,55).

세상의 종말

죽음이 영원한 생명을 향한 관문이라면 종말을 맞이하는 세상은 어떤 변화를 겪게 되나요? 천년왕국론자들은 그 세상이 지상에서 펼쳐질 것이고, 지상에 도래한 왕을 따르는 선택된 이들만이 종말의 때에 구원을 누릴 수 있다고 설명하잖아요?

세상의 종말은 그들이 말하는 것처럼 '파멸'이 아닙니다. 신앙에서 종말이란 '완성'입니다. 세상의 종말은 인류 구원을 위해 창조 때 시작된 하느님 구원 계획의 완성입니다. 바오로 사도는 이렇게 전하지요. "그리스도 안에서 미리 세우신 당신 선의에 따라 우리에게 당신 뜻의 신비를 알려 주셨습니다. 그것은 때가 차면 하늘과 땅에 있는 만물을 그리스도 안에서 그분을 머리로 하여 한데 모으는 계획입니다"(에페 1,9-10). 그 완성은 또한 장차 우리에게 계시될 영광의 희망으로 "피조물도 멸망의 종살이에서 해방되어, 하느님의 자녀들이 누리는 영광의 자유를 얻을 것"(로마 8,21)이라고 가르쳐 줍니다.

파멸과 완성, 완전히 정반대의 느낌인데요?

천년왕국설을 주장하는 사람들뿐 아니라 그리스도교 종말론을 오역하는 사람들이 주로 사용한 파멸의 이미지는 세상 종말이 심판과 맞닿아 있기 때문입니다.

죽음이 사람에게 주는 무게를 생각하면, 죽음 이후 다가올 것들 또한 간과할 수 없습니다. 때로는 그것이 두려워 회피하려다 보니 죽음 자체를 거부하기도 합니다. 하지만 가톨릭교회의 "각 사람은 죽자마자 자신의 삶을 그리스도께 셈 바치는 개별 심판으로 그 불멸의 영혼 안에서 영원한 갚음을 받게 된다"(《가톨릭 교회 교리서》 1022항)라는 가르침은, 개별 심판과 세상 종말이라는 그리스도께서 재림하실 때 있게 될 최후 심판은 파멸의 의미가 아니라는 것을 기억할 필요가 있습니다.

심판

우리에게 심판이 재앙으로 여겨진다면 공포로 다가올 수밖에 없습니다. 하지만 하느님 심판의 두 가지 차원을 함께 생각해 보면 좋겠습니다. 먼저 심판은 하느님을 거스르는 악에 대한 징벌의 의미가 분명합니다. 이를 하느님께서 불의 징벌로 심판을 내리시는 무서운 모습으로 묘사하기도 합니다. 두려움을 가중시키고 그 두려움에서 해방시켜 줄 메시아를 강조하는 집단에게는 더할 나위 없이 자주 사용되는 이미지입니다. 하지만 종말이 심판인 것은, 하느님께서는 악의 세력을 물리칠 수 있는 분이시고, 인류의 '마지막 원수'인 죽음을 없애시기 때문입니다(1코린 15,26 참조).

세상에는 참으로 다양한 악행이 존재합니다. 선한 사람들이 아무 잘못 없이 피해를 입거나 희생당하고, 강한 국가와 강한 사람이 힘의 논리로 약한 사람을 지배하고, 가진 사람이 가지지 못한 사람을 착취하고, 이런 일들을 우리가 직접 경험도 합니다. 그럴 때 우리는 '하느님의 정의'를 의심하기도 합니다. 하지만 의심을 넘어선다면 하느님의 정의에 대한 확신이 자라납니다. 왜냐하면 그리스도를 믿는 이들은 하느님의 구원 은총을 고의적으로 배척한 이들이 단죄를 받을 것임을 분명히 알고 있기 때문입니다. "최후의 심판 때에 각 사람이 지상 생활 동안 선을 행하였거나 이를 소홀히 한 일의 궁극적인 결과까지도 드러날 것"이며, 그렇기 때문에 "최후의 심판은 사람들이 저지른 모든 불의에 대하여 하느님의 정의가 승리한다는 사실을 드러낼 것이며, 당신의 사랑이 죽음보다 강하다는 것을 드러내게 될 것"(《가톨릭 교회 교리서》 1039-1040항)입니다.

🗣️ 심판은 곧 하느님 정의의 실현이라고 할 수 있겠군요.

📖 성경에서 하느님은 분명 세상을 정의로 심판하시리라 말씀하십니다. 엄격한 심판관으로서의 하느님은 우리가 자주 상상하는 모습이기도 합니다. 그래서 계명을 어기고 죄를 지었을 때, 우리는 하느님의 판결을 두려워하고 급기야 하느님에게서 우리의 모습을 감추고 숨어 버리는 지경(창세 3,8 참조)에 이를 때도 있습니다.

하지만 하느님의 심판은 천만 군사를 이끄는 왕이 적군을 향해 휘두르는 칼과는 다르다는 것을 기억해야 합니다. 앞에서도 강조했듯, 심판은 단죄만을 위한 것이 아닙니다. 심판은 하느님의 상을 받기 위함이기도 하며, 하느님께 용서를 구하는 기회입니다. 심판 앞에서 하느님의 용서와 구원의 은총을 끝까지 배척하지 않는다면, 하느님께서는 들고 계시던 단죄의 칼을 다시 칼집에 넣으실 것이기 때문입니다. 하느님의 심판은 곧 자비라고 할 수 있습니다. 실제로 성경에서는 무수히 하느님의 자비를 고백합니다. 토빗은 "주님, 당신께서는 의로우십니다. 당신께서 하신 일은 모두 의롭고 당신의 길은 다 자비와 진리입니다. 당신은 이 세상을 심판하시는 분이십니다"(토빗 3,2)라고 하느님의 의로움과 심판의 자비를 고백합니다. 구원의 역사 전체는 하느님 자비의 역사이기도 합니다. 그분께서는 "자비하고 너그러운 하느님"이시며, "분노에 더디고 자애와 진실이 충만"(탈출 34,6)한 분이시기 때문입니다. 또한 그분은 당신의 분노를 거두시며 이렇게 사랑을 말씀하십니다. "에프라임아, 내가 어찌 너를 내버리겠느냐? … 내 마음이 미어지고 연민이 북받쳐 오른다. 나는 타오르는 내 분노대로 행동하지 않고 에프라임을 다시는 멸망시키지 않으리라. 나는 사람이 아니라 하느님이다. 나는 네 가운데에 있는 '거룩한 이' 분노를 터뜨리며 너에게 다가가지 않으리라"(호세 11,8-9). 그분의 마음이 느껴지지 않나요?

예수님 또한 자주 심판에 대해 예고하셨지만(마태 3,12; 13,30; 25,1-46 참조), 그 말씀은 근본적으로 구원 선포에 바탕을 둔다는 것을 알 수 있습니다.

'되찾은 아들의 비유'(루카 15,11-32)를 기억하시지요? 아버지 하느님의 한없는 자비의 말씀입니다. 또 베드로가 예수님께 형제에게 얼마나 용서를 베풀어야 하는지 질문했을 때, 그분께서는 "일곱 번이 아니라 일흔일곱 번까지라도 용서해야 한다"(마태 18,22)는 말씀으로 당신의 무한한 자비를 설명해 주셨습니다.

따라서 심판에 대한 가르침은 파멸의 두려움을 조장하기 위한 것이 아니라 우리의 회개를 위한 하느님의 호소이며 "하느님에 대한 거룩한 경외심을 불러일으키고, 하느님 나라의 정의를 촉구하며, '당신의 성도들 가운데에서 영광을 받으시고 모든 믿는 이들 가운데에서 칭송을 받으실'(2테살 1,10) 주님의 재림에 대한 '복된 희망'(티토 2,13)을 알리는 것"(《가톨릭 교회 교리서》 1041항)임을 잊지 말아야 합니다. 심판은 곧 은총이자 정의임을 베네딕토 16세 교황님의 말씀을 통해 기억해 둡시다.

"하느님의 심판은 정의이며 또한 은총이기 때문에 희망입니다. 심판이 은총이기만 하다면, 그래서 이 세상에서의 모든 일을 무의미하게 만든다면, 우리는 역사와 하느님께 정의라는 중요한 문제를 묻고 하느님께서는 이 문제에 대해서 우리에게 설명하셔야 할 것입니다. 심판이 정의이기만 하다면, 심판은 결국 우리에게 두려움만 가져다 줄 것입니다. 그리스도를 통한 하느님의 강생은 심판과 은총을 매우 긴밀하게 연결시켜 정의가 확실히 세워지도록 하였습니다"(《희망으로 구원된 우리》 47항).

구원

👥 종말은 구원이자 희망이군요. 파멸이 아니고요. 천년왕국설만 보면 종말에 있을 구원은 천년왕국에 속한 이들만이 누리게 될 특권처럼 보였는데요. 초대 교회의 박해 시기부터 현대에 이르기까지 구원 받을 사람은 오로지 선택된 사람이고 그들만이 천년왕국의 시민이 될 수 있으며 그 외에는 모두 파멸에 이른다는 주장이었잖아요?

👤 천년왕국을 주장하는 이들과 비슷한 부류에 속한 사람들이 지칭하는 신神 개념을 생각해 보면 이미 살펴본 가톨릭 신앙의 하느님과는 다르다는 생각이 듭니다.

참되고 복되신 하느님께서는 인류 전체의 구원을 바라시는 분(1티모 2,4 참조)이시지, 편협하게 몇몇 선택된 이들만을 구원하시려는 분이 아닙니다. 예수님께서는 당신의 크신 사랑을 이렇게 말씀하셨습니다. "너희가 자기를 사랑하는 이들만 사랑한다면 무슨 인정을 받겠느냐? 죄인들도 자기를 사랑하는 이들은 사랑한다"(루카 6,32). 그리고 요한복음은 이렇게 전합니다. "하느님께서는 세상을 너무나 사랑하신 나머지 외아들을 내주시어, 그를 믿는 사람은 누구나 멸망하지 않고 영원한 생명을 얻게 하셨다. 하느님께서 아들을 세상에 보내신 것은, 세상을 심판하시려는 것이 아니라 세상이 아들을 통하여 구원을 받게 하시려는 것이다"(3,16-17).

하느님의 구원의 손길은 모든 인간에게 미칩니다. 이것을 교리 용어로는 '하느님의 보편적 구원 의지'라고 합니다. 이는 하느님께서 "그리스도 안에서 미리 세우신 당신 선의에 따라 우리에게 당신 뜻의 신비"를 알려 주셨으며, "그것은 때가 차면 하늘과 땅에 있는 만물을 그리스도 안에서 그분을 머리로 하여 한데 모으는 계획"(에페 1,9-10)인 것입니다. '만물'을 말이지요. 모든 이의 주님이신 그리스도께서는 하느님의 구원의 손길을 맞잡는 모든 이, 곧 '주님의 이름을 받들어 부르는 모든 이'(로마 10,13 참조)를 구원하실 것입니다.

천국

🧑 하느님과 맞잡은 손이 영원히 지속되는 상태를 우리는 '천국'이라고 말합니다. 천국은 하느님과 나누는 친교가 죽음을 넘어서까지 지속되는 것이지요.

👥 천국이 바로 완성된 구원의 나라군요?

🧑 '하늘 나라' 또는 '하느님의 나라'인 천국은 '완성'의 다른 표현이라고 할 수 있습니다. 그렇다면 무엇이 되는 걸까요? 바로 하느님과 나누는 친교가 완성됩니다. 이 친교는 '성삼위와 동정 마리아와 천사들과 모든 복되신 분들과 함께하는 생명과 사랑의 친교'(《가톨릭 교회 교리서》 1024항)를 말합니다. 그것이 영원히 지속되는 것이지요. 누군가와 사랑에 빠졌을 때, 헤어지기 아쉬워 결혼하고 싶어 하는 것처럼 하느님과 나누는 영원한 사랑의 친교가 바로 천국이지요.

👥 천년왕국설을 주장하는 사람들은 천국이 지상에서 실현된다고 하던데요?

🧑 천국은 죽지 않고 영원히 숨을 이어 가면서 지상에서 맞이할 수 있는 차원이 아닙니다. 하느님의 '영원'은 인간의 '순간'과는 분명한 차이가 있지요. 그렇기 때문에 영원한 행복은 인간의 시간을 뛰어넘어 죽은 다음에 누릴 수

있고, 죽음을 넘어서 우리에게 주어집니다.

하느님과 나누는 친교는 죽음으로 중단되지 않음을 시편은 이렇게 알려 줍니다. "제가 받을 몫이며 제가 마실 잔이신 주님. 당신께서 제 오른쪽에 계시니 저는 흔들리지 않으리이다. 그러기에 제 마음은 기뻐하고 제 영혼이 뛰놀며 제 육신마저 편안히 쉬리이다. 당신께서는 제 영혼을 저승에 버려두지 않으시고 당신께 충실한 이는 구렁을 아니 보게 하십니다. 당신께서 저에게 생명의 길을 가르치시니 당신 면전에서 넘치는 기쁨을, 당신 오른쪽에서 길이 평안을 누리리이다"(시편 16,5.8-11).

그렇다고 그 행복을 지상에서 결코 누릴 수 없는 것은 아닙니다. 이 세상에서 하느님과 친교를 이루며 살아간다면, 천상에서 얻을 행복을 하느님과의 관계 속에서 희미하게나마 누릴 수 있습니다. 그것이 바로 완성을 이루는 상태이자 천국이고요.

우리는 예수 그리스도의 가르침과 부활을 통해 천국을 확실하게 알 수 있습니다. 예수 그리스도의 가르침과 부활은 인간의 현실을 뛰어넘어 영원한 생명이 가능함을을 우리에게 보여 줍니다. 그래서 우리는 바오로 사도의 말대로 현세에만 희망을 거는 것이 아니라 천국을 미리 볼 수 있지요(1코린 15,19 참조).

하지만 천국은 인간의 모든 상상을 초월하기 때문에, 가히 측량하거나 그려 낼 수 없습니다. 하느님의 생각은 늘 인간의 생각을 뛰어넘지요. 바오로 사도 역시 "어떠한 눈도 본 적이 없고 어떠한 귀도 들은 적이 없으며 사람의 마음에도 떠오른 적이 없는 것"(1코린 2,9)이라고 천국을 설명합니다.

천년왕국이 지상에서 펼쳐진다고 주장한 사람들은 성경에서 특히 요한묵시록을 근거로 들지요?

"그때에 누가 너희에게 '보라, 그리스도께서 여기 계시다!', 또는 '아니, 여기 계시다!' 하더라도 믿지 마라"(마태 24,23) 하신 말씀 기억하지요? 성경에서, 특히 요한묵시록의 천상 도성의 묘사는 인간이 상상할 수 없는 전혀 다른 새로움을 인간의 언어로 표현하려는 시도라고 할 수 있습니다. 그 새로운 묘사를 '새 하늘, 새 땅'이라는 말로 요약할 수 있지요. 천국은 결국 지상에서 한 번도, 누구도 마주한 적 없는 새로운 하늘이며 새로운 땅임을 알리는 요한묵시록의 핵심 구절을 읽어 보겠습니다.

"나는 또 새 하늘과 새 땅을 보았습니다. 첫 번째 하늘과 첫 번째 땅은 사라지고 바다도 더 이상 없었습니다. 그리고 거룩한 도성 새 예루살렘이 신랑을 위하여 단장한 신부처럼 차리고 하늘로부터 하느님에게서 내려오는 것을 보았습니다. 그때에 나는 어좌에서 울려오는 큰 목소리를 들었습니다. '보라, 이제 하느님의 거처는 사람들 가운데에 있다. 하느님께서 사람들과 함께 거처하시고 그들은 하느님의 백성이 될 것이다. 하느님 친히 그들의 하느님으로서 그들과 함께 계시고 그들의 눈에서 모든 눈물을 닦아 주실 것이다. 다시는 죽음이 없고 다시는 슬픔도 울부짖음도 괴로움도 없을 것이다. 이전 것들이 사라져 버렸기 때문이다'"(묵시 21,1-4).

결국, 하느님과의 친교가 완성되는 천국은 하느님을 직접 뵘으로써 인간의 모든 갈망이 충족되는 완전한 행복입니다. 이는 "우리가 지금은 거울에 비친 모습처럼 어렴풋이 보지만 그때에는 얼굴과 얼굴을 마주 볼", "지금은 부분적으로 알지만 그때에는 하느님께서 나를 온전히 아시듯 나도 온전히 (하느님을) 알게 될"(1코린 13,12) 지복직관至福直觀을 누리는 상태이지요.

앞에서 살펴본 것처럼, 하느님께서는 모든 이를 향해 보편적 구원 의지를 펼치시기 때문에, 하느님 나라에서 누릴 기쁨의 잔치에는 "그리스도 안에 있는 모든 사람"(《가톨릭 교회 교리서》 1027항)이 하느님과 친교를 누릴 것이라 믿고 있습니다. 결코 제한된 몇 명만이 아니라 그리스도 안에 있는 모든 사람이 함께 누릴 잔치인 것이지요.

지옥

👥 그렇다면 지옥은 왜 존재 하나요?

🧑 예수님께서도 "자기 형제에게 성을 내는 자는 누구나 재판에 넘겨질 것이다. 그리고 자기 형제에게 '바보!'라고 하는 자는 최고 의회에 넘겨지고, '멍청이!'라고 하는 자는 불붙는 지옥에 넘겨질 것이다"(마태 5,22) 하시며 지옥에 대해 말씀하셨고, 신약성경도 종종 "불붙는 지옥"(마태 5,22; 참조 5,29; 18,9), "영원한 불"(마태 25,41; 참조 마르 9,43-48; 묵시 9,2), "바깥 어둠 속"(마태 8,12) 혹은 '영들이 갇힌 감옥'(1베드 3,19) 등으로 지옥을 표현했습니다.

지옥은 하느님과의 관계가 결정적으로 단절된 이들이 맞이하는 최종 운명을 말합니다. '죄'란 하느님과의 관계가 단절된 것이지요. 지옥은 죄의 회개를 거부하는 것입니다. "하느님의 자비로우신 사랑을 받아들이지 않은 채 죽는 것은 곧 영원히 하느님과 헤어져 있겠다고 우리 자신이 자유로이 선택하는 것을 의미"하지요. 그래서 "'지옥'이라는 말은 … 하느님과 또 복된 이들과 이루는 친교를 결정적으로 '스스로 거부한' 상태"(《가톨릭 교회 교리서》 1033항)입니다.

👥 지옥을 이야기하니 다시 종말이 두려워지는데요?

🧑 그럴 필요 없어요. 지옥은 그것을 두려워하라는 것이 아니라, 하느님의 자비를 기억하라는 그분의 초대이니까요. '혼인 잔치의 비유'(마태 22,1-14)에서처럼 인간은 하느님의 자비를 받아들일 수도 있지만 완고히 거부할 수도 있습니다. 하느님께 자유를 선물로 받았기 때문이지요. 하지만 '되찾은 아들의 비유'(루카 15,11-32)에서처럼, 하느님은 회개하여 당신께 돌아오는 이를 아무 조건 없이 받아 주십니다. 이미 앞에서 하느님 심판의 또 하나의 차원인 '자비'를 살펴보았지요.

사랑 자체이신 하느님은 인간을 사랑으로 초대하십니다. 따라서 "지옥에 대한 성경의 단언과 교회의 가르침은, 인간 자신의 영원한 운명을 위하여 책임감을 가지고 자신의 자유를 사용하라는 호소"(《가톨릭 교회 교리서》 1036항)이자 참회와 회개로의 초대입니다.

지금까지 살펴본 모든 것은 종말은 파멸이 아니라 구원이고, 인류가 하나 되는 "그리스도의 몸의 완성"(《희망으로 구원된 우리》 9항)인 희망이라는 것을 말해 줍니다.

2. 그리스도 재림을 기다림

죽음에서 구원하신 예수 그리스도

어느 신학자의 말처럼, 우리 삶에서 죽음을 제거한다고 죽음을 극복할 수 있는 것은 아닙니다. 죽음을 초월하는 희망으로 나아갈 때 죽음은 참으로 극복되지요. 예수 그리스도께서 죽음에서 우리를 구원하셨기 때문입니다. 예수 그리스도는 그 자신의 죽음으로 실패한 구원자가 아니며, 다른 구원자가 필요한 것도 아닙니다. 그리스도는 당신의 삶과 죽음과 부활로 죽음에 승리를 거두고 영원한 생명을 드러내셨습니다.

종말의 중심에는 예수 그리스도가 있습니다. 그리스도를 통해서 우리는 종말을 이해할 수 있습니다. 구원은 그리스도의 첫 번째 오심으로 시작된 하느님 나라의 결정적이며 최종적인 완성이라고 이해해야 합니다. 예수님께서 돌아가시고 부활하시고 하늘로 오르시고 나서 그분의 다시 오심을 기다리는 지금까지, 하느님 구원 역사의 연속성은 결코 끊긴 적이 없습니다.

그리스도의 재림(파루시아)

🗣️ 천년왕국설에서 끊임없이 제기되는 문제가 바로 그리스도의 다시 오심, 즉 재림인 것 같습니다.

🙇 먼저 용어를 정확하게 이해할 필요가 있습니다. 우리가 주로 사용하는 용어인 '재림'에 대해서 생각해 봅시다. '재림'은 말 그대로 '다시 임하다'라는 뜻이지요. 우리는 미사 때 주님의 기도 후에 "주님, 저희를 모든 악에서 구하시고 한평생 평화롭게 하소서. 주님의 자비로 저희를 언제나 죄에서 구원하시고 모든 시련에서 보호하시어, 복된 희망을 품고 구세주 예수 그리스도의 재림을 기다리게 하소서"라고 기도합니다.

가톨릭 신앙에서 재림은 종말에 이루어진다고 고백합니다. '마지막'이자 '끝'인 종말이 바로 그리스도의 재림으로 이루어진다는 것이지요. 그런데 종말은 꼭 종결만을 의미하지는 않습니다. 오히려 '완성'이라는 의미를 지니지요. 그리스도의 영광스러운 재림 때에 최후의 심판이 이루어지리라는 가톨릭 교리를 앞에서 살펴보았습니다. 계속해서 교리서는 우리에게 가르쳐 줍니다. 아버지만이 그 시간과 날짜를 알고 계시는데, 곧 성부 하느님께서 성자 예수 그리스도의 재림을 결정하신다고 말이지요. 심판은 단죄가 아니라 성부 하느님께서 당신의 아들 예수 그리스도의 재림을 통하여 역사 전체에 펼치신 당신의 결정적 구원의 선포입니다. 그리스도의 재림이 이루어지면 우리는 하느님께서 세상을 창조하신 궁극적인 뜻과 온 인류를 향해 펼치신 이 구원 역사에 담긴 의미와 하느님의 섭리들도 이해할 수 있게 됩니다(《가톨릭 교회 교리서》 1040항 참조).

그리스도의 재림으로 종말이 완성될 때, 이전까지는 없던 새로운 주님이나 새로운 하느님이 오신다고 생각하면 안 됩니다. '재림'은 '파루시아παρουσία'라는 그리스어를 번역한 말입니다. 파루시아는 '존재하다, 현존하다(παρ: 옆에, ουσια: 실존)'와 '도착하다, 오다'라는 두 가지 뜻을 가진 그리스어 동사 파레이미πάρειμι의 명사형입니다. 파루시아의 의미는 '이미 존재하는 것이 도착해서 오다'라고 이해할 수 있지요. 사람이 되신 하느님, 성자 예수님께서는 육으로는 십자가에 못 박혀 돌아가셨지만, 영원히 살아 있는 분이십니다. 그것을 당신 부활을 통해서 우리에게 보여 주셨을 뿐만 아니라, 그 부활을 '우리도' 누리도록 선사해 주셨지요.

"나는 땅에서 들어 올려지면 모든 사람을 나에게 이끌어 들일 것이다"(요한 12,32). 십자가에 달려 돌아가신 예수님께서는 부활하여 승천하심으로써 "이제 우리를 위하여 하느님 앞에 나타나시려고 바로 하늘에 들어가신 것"(히브 9,24)입니다. 거기서 그리스도께서는 당신 백성을 당신 나라로 이끄는 사제직을 영원히 수행하고 계시지요(《가톨릭 교회 교리서》 662항 참조).

우리 눈앞에서는 사라지셨지만 그분께서 없어지신 것이 결코 아닙니다. 이는 두 가지 방식으로 이해할 수 있습니다. 첫째는 성경이 전하는 이야기 방식인데, 다가올 날에 벌어질 일을 앞선 사건을 통해서 드러내는 방식으로 해석하는 것입니다. 둘째는 우리 눈에 보이지 않지만 존재하지 않는 것은 아닌 상태로, 영원하신 예수님의 존재를 이해하는 방식입니다.

먼저, 예수님의 어린 시절을 전하는 성경 말씀을 기억해 봅시다. "예수님의 부모는 해마다 파스카 축제 때면 예루살렘으로 가곤 하였다. 예수님이 열두 살 되던 해에도 이 축제 관습에 따라 그리로 올라갔다"(루카 2,41-42). 축제가 끝나고 돌아가는 길에 요셉과 마리아는 예수님의 부재不在를 확인합니다. 그리곤 사라진 아들을 찾아 애태우며 꼬박 사흘을 헤맵니다. 부모의 마음이 어땠을까요? 예수님을 만난 마리아의 첫마디에서 바로 느껴집니다. "얘야, 우리에게 왜 이렇게 하였느냐? 네 아버지와 내가 너를 애타게 찾았단다"(루카 2,48). 그러나 예수님의 대답은 남달랐어요. "왜 저를 찾으셨습니까? 저는 제 아버지의 집에 있어야 하는 줄을 모르셨습니까?"(루카 2,49). 이렇게 마리아와 요셉이 아들을 찾으며 보낸 사흘이라는 시간은 예수님의 십자가상의 죽음과 부활 사이에 놓인 부재의 사흘을 암시합니다.

예수님이 돌아가시고 부활하시기까지의 시간은 그분이 이전과 같은 방식으로 존재하지 않으셨다는 의미에서 부재라고 말할 수도 있겠지만, 그분은 그 시간 동안에도 아버지와 함께 계셨습니다. 승천하며 재림을 약속하신 주님이 아직 오지 않으셨기에, 우리는 예수님의 부재를 느끼며 애가 탈지 모릅니다. 하지만 예수님께서는 지금도 당신이 계셔야 하는 자리, 곧 아버지의 집에 계십니다. 그러니 예수님께서 우리 곁에 계시지 않은 것이 아님을 기억해야 합니다.

예수님 재림 이전의 상태에 대해서도 이야기해 봅시다. 우리 눈에 보이지 않지만 존재하는 것이 있습니다. 외국에 있는 친구는 당장 옆에 있지 않지만 지구 반대편에는 존재하지요. 게다가, 영혼은 또 다른 방식으로 존재합니다. 우리는 먼저 세상을 떠난 이들을 기리고, 하늘에 있을 그들을 떠올리며 그들과의 끈을 놓지 않으려 합니다.

이런 태도에서도 눈에 보이지 않지만 다른 방식으로 존재하는 세계에 대한 믿음을 엿볼 수 있습니다.

이 모든 영역을 창조하신 분이 하느님이십니다. 예수 그리스도는 인간을 사랑하신 나머지 인간과 함께하시기 위해 인간의 모습만을 취하신 것이 아니라 인간과 똑같이 죽음을 맞이하셨습니다. 그러나 인간의 궁극적 한계인 죽음에 머물지 않으시고 부활하시어, 우리도 그분과 같이 부활할 수 있음을 알려 주셨습니다. 우리는 그분을 예수('하느님께서 구원하시다') 그리스도('메시아')라고 부름으로써 그 신앙을 고백하지요. 동시에 우리는 "예수님께서 갈라질 수 없는 참하느님이시며 참사람이시라는 것을 고백"합니다. "그분께서는 '우리 형제' 인간이 되신 참하느님의 아들이시지만, 언제나 '우리 주' 하느님"(《가톨릭 교회 교리서》 469항)입니다.

예수님의 다시 오심도 이와 같은 믿음에서 생각해 볼 수 있습니다. 예수님은 죽음으로 결코 사라지지 않으셨습니다. 예수님은 부활하셨고 하늘로 오르셨습니다. 그분은 비록 눈에 보이지 않고 떨어져 계시지만, 정해진 때에 우리를 구원하러 다시 오실 것임을 알려 주셨습니다. 다만 "그날과 그 시간은 아무도 모른다. 하늘의 천사들도 아들도 모르고 오로지 아버지만 아신다"(마르 13,32)라는 말씀처럼 우리는 알 수 없는 그날을 기다리는 것이지요.

종말의 때와 방법

🧎 혹시 제목만 보고 '종말의 때와 방법을 알 수 있나?'라는 기대를 아직도 품고 있는 것은 아니겠지요?

👥 이제 그런 솔깃한 말들에 현혹되지는 않을 것 같습니다. 그런데 성경을 보면 예수님의 재림이나 최후 심판처럼 종말을 묘사한 부분들이 있는데, 그것을 어떻게 봐야 할까요?

🧎 성경에는 종말의 모습을 그려 놓은 다양한 구절들이 있지요. 특히 그리스도교 묵시문학인 다니엘서와 요한묵시록이 그러하고요. 또 복음에서는 "그 무렵 환난에 뒤이어, 해는 어두워지고, 달은 빛을 내지 않으며, 별들은 하늘에서 떨어지고, 하늘의 세력들은 흔들릴 것이다. 그때에 '사람의 아들이' 큰 권능과 영광을 떨치며 '구름을 타고 오는 것을' 사람들이 볼 것이다. 그때에 사람의 아들은 천사들을 보내어, 자기가 선택한 이들을 땅 끝에서 하늘 끝까지 사방에서 모을 것이다"(마르 13,24-27)라고 전합니다.

이 말씀을 보면 결국 종말은 반드시 오며, 그때 사람

의 아들이 오시어 당신이 선택한 이들을 모으신다는 것을 알 수 있습니다. 이 구절에 여러 의문이 생길 수도 있겠지요. 우리가 이 성경 말씀에서 주목해야 하는 핵심은 이어지는 32절 이하에 담겨 있습니다. "그러나 그날과 그 시간은 아무도 모른다. 하늘의 천사들도 아들도 모르고 아버지만 아신다. 너희는 조심하고 깨어 지켜라. 그때가 언제 올지 너희가 모르기 때문이다. … 그러니 깨어 있어라. 집주인이 언제 돌아올지, 저녁일지, 한밤중일지, 닭이 울 때일지, 새벽일지 너희가 모르기 때문이다. 주인이 갑자기 돌아와 너희가 잠자는 것을 보는 일이 없게 하여라. 내가 너희에게 하는 이 말은 모든 사람에게 하는 말이다. 깨어 있어라"(마르 13,32-37).

예수님의 가르침에 따르면 종말에서 중요한 것은 기이한 자연 현상과 같은 표징이 아닙니다. 종말에 있을 그리스도의 재림과 최후의 심판을 맞이하기 위해 깨어 있는 자세입니다.

그래서 교회는 이렇게 말합니다. "그러므로 우리는 모든 일에서 주님 마음에 들려고 노력하며(2코린 5,9 참조) 악마의 속임수에 대항하고 악한 날에 저항할 수 있도록 하느님의 무기로 무장을 한다(에페 6,11-13 참조). 그러나 주님의 경고대로 우리는 그날과 그 시간을 모르므로 언제나 깨어 있어야 한다. 그리하여 단 한 번뿐인 우리 지상 생활의 여정을 마친 다음에(히브 9,27 참조) 주님과 함께 혼인 잔치에 들어가 축복받은 이들과 함께 헤아려질 수 있을 것이며(마태 25,31-46 참조), 악하고 게으른 종들처럼(마태 25,36 참조) 영원한 불 속으로 들어가라거나(마태 25,41 참조) 바깥 어둠 속에 내쫓아 거기에서 절치 통곡하게 하라는 명령을 듣지 않을 것이다(마태 22,13; 25,30 참조)"(《교회 헌장》 48항).

이러한 교회의 가르침은 세상이 언제 시작되어 언제, 어떤 방법으로 종말을 맞느냐에 대한 대답이 아닙니다. 창조에서 시작된 하느님 구원의 손길은 세상 끝날까지 이어지기 때문에 우리는 그것을 믿고 깨어 있는 삶을 살아가야 한다는 것입니다.

우리는 지금도 예수님과 함께 살아갑니다. 깨어 있는 삶이란 예수님을 성찬의 식탁에서 보고, 만지고, 받아 모시고, 또 우리에게 찾아오시는 예수님을 기도나 체험으로 만나는 삶입니다. 바오로 사도는 회심을 통해 깨어 있어야 함을 강한 어조로 전합니다. "여러분은 지금이 어떤 때인지 알고 있습니다. 여러분이 잠에서 깨어날 시간이 이미 되었습니다. 이제 우리가 처음 믿을 때보다 우리의 구원이 더 가까워졌기 때문입니다. 밤이 물러가고 낮이 가까이 왔습니다. 그러니 어둠의 행실을 벗어 버리고 빛의 갑옷을 입읍시다. 대낮에 행동하듯이, 품위 있게 살아갑시다. 흥청대는 술잔치와 만취, 음탕과 방탕, 다툼과 시기 속에 살지 맙시다. 그 대신에 주 예수 그리스도를 입으십시오. 그리고 욕망을 채우려고 육신을 돌보는 일을 하지 마십시오"(로마 13,11-14). 우리가 깨어 있다면 매순간 '하느님은 살아 계시다', '하느님은 한 번도 아니 계신 적이 없었다'고 고백할 수 있습니다.

예수님께서 어떤 방식으로 다시 오실지 우리의 이성과 지성으로는 전부 알 수 없습니다. 하지만 어떻게든 우리는 지금보다 더 가까이, 더 완전히, 더 깊이 예수님을 만날 수 있을 것입니다. 종말에는 하느님의 나라가 완성되어, 의인들은 그리스도와 함께 그 나라를 영원히 다스리게 되고, 물질적인 우주도 변화할 것입니다(《가톨릭 교회 교리서》 1060항 참조). 하지만 우리는 그 때를 모르며, 우주가 어떻게 변할지도 알지 못합니다. 단지 죄로 어지러워진 이 세상의 모습은 사라질 것을 알고 있고, "하느님께서 정의가 깃들이는 새로운 집과 새로운 땅을 마련하시리라는 가르침을 우리는 받고"(《사목 헌장》 39항) 있는 것이지요.

살아 계시고 현존하시는 예수님이 '파루시아'를 통해,

우리를 찾아오시면, 우리는 그분과 완전히 하나 될 것입니다. 그 순간이 바로 재림이고 구원이며, 완성이자 종말입니다. 이것을 기억하면 재림을, 부재 중인 예수님이 다른 어떤 존재로 등장할 순간을 기다리며 그 공간을 비워 놓는 것이 아니라, 하느님과 우리가 완전히 결합될 희망의 날이라는 의미로 이해할 수 있겠지요.

이제 '종말의 때는 언제인가?' 하는 질문이 무의미함을 이해하리라 생각합니다. 우리가 집중해야 하는 것은 종말이 일어나는 시간과 방식이 아니라 "너희도 준비하고 있어라. 너희가 생각하지도 않은 때에 사람의 아들이 올 것이다"(루카 12,40)라는 말씀처럼 종말을 준비하며 살아가는 신앙인의 삶의 자세를 성찰하는 것입니다. 그리스도의 재림으로 이루어질 최후의 심판과 종말은 결국 "'은혜로운 때에, 구원의 날에'(2코린 6,2) 회개하라고 하느님께서 아직도 사람들에게 하시는 호소"입니다. "이는 하느님에 대한 거룩한 경외심을 불러일으키고, 하느님 나라의 정의를 촉구하며, … 주님의 재림에 대한 '복된 희망'(티토 2,13)을 알리는 것"(《가톨릭 교회 교리서》 1041항)임을 잊지 말아야 합니다!

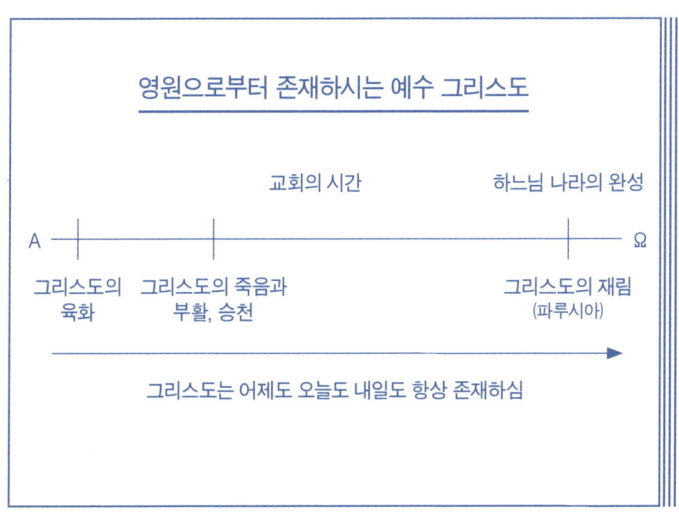

메시아 도래의 기다림

영원으로부터 살아 계신 하느님께서는 성자 예수 그리스도의 육화 사건을 통해 우리와 같은 인간 육신을 취하셨습니다. 그분께서는 하느님과 같은 분이셨지만 우리 가운데 사시기 위해 사람이 되셨습니다(요한 1,14 참조). 하느님께서 당신 자신을 비우시어 종의 모습을 취하셨고 이렇게 자신을 낮추시어 우리와 같은 사람이 되신 것이지요(필리 2,6-7). 이 얼마나 커다란 신비이자 겸손입니까?

성자께서는 당신께서 사람이 되신 사명을 이렇게 말

쏨하셨습니다. "내 양식은 나를 보내신 분의 뜻을 실천하고, 그분의 일을 완수하는 것이다"(요한 4,34).

예수님이 실천해야 했던 아버지 하느님의 뜻이자, 완수해야 했던 아버지의 일은 바로 우리의 구원이었습니다. 예수 그리스도께서는 "많은 이들의 몸값으로 자기 목숨을 바치러 오셨"(마르 10,45)고, 우리 죄를 용서하시기 위해 "십자가 죽음에 이르기까지 순종"(필리 2,8)하셨습니다. 또한 구원의 표징으로 우뚝 솟은 십자가를 통해 "평화를 이룩하시어, 땅에 있는 것이든 하늘에 있는 것이든, 그분을 통하여 그분을 향하여, 만물을 기꺼이 화해"(콜로 1,20)시키는 완성을 가져다주셨습니다.

예수 그리스도의 구원 사건은 하느님께서 인간을 위해 모든 것을 내어 주신, 결국 사랑이라는 말로밖에 표현할 방법이 없는 사건입니다(루카 22,19; 갈라 2,20 참조). 그리하여 예수 그리스도를 통해, 예수 그리스도 안에서, 예수 그리스도와 함께 드러난 하느님의 사랑을 믿고 받아들이는 사람은 구원을 얻고 하느님의 자녀가 됩니다. 그런 우리가 하느님의 자녀이지요.

하느님께서는 "세상 창조 이전에 그리스도 안에서 우리를 선택하시어, … 사랑으로 예수 그리스도를 통하여 우리를 당신의 자녀로 삼으시기로 미리 정하셨습니다. 이는 하느님의 그 좋으신 뜻에 따라 이루어진 것입니다"(에페 1,4-5). 그리하여 예수 그리스도를 죽음에서 다시 일으키신 하느님께서는 믿는 이들 또한 예수님처럼 영광스럽게 된 몸, 곧 영적인 몸으로 부활시키실 것입니다. 이를 성경은 이렇게 전해 주지요. "죽은 이들의 부활도 이와 같습니다. 썩어 없어질 것으로 묻히지만 썩지 않는 것으로 되살아납니다. … 물질적인 몸으로 묻히지만 영적인 몸으로 되살아납니다. … 하늘에 속한 그분의 모습도 지니게 될 것입니다"(1코린 15,42-49).

예수님께서는 우리에게 몸과 피를 내어 주심으로써 당신의 죽음과 부활 이후에도 성찬의 식탁에서 빵과 포도주의 형상 안에 살아 계심을 약속하셨습니다(요한 6,22-59; 마태 26,26-28 참조). 또 부활한 모습으로 나타나셔서 죽음이 끝이 아님을 보여 주시고 다시 오심을 약속하셨습니다(사도 1,6-11 참조).

이렇게 예수 그리스도는 한 번도 우리 곁을 떠나신 적이 없습니다. 한순간도 그분이 부재했던 적은 없습니다. 성부, 성자, 성령은 영원으로부터 살아 계신 한 분 하느님이십니다. 지금도, 앞으로도 그러합니다. 그리고 우리는 하느님 나라에서 그분의 얼굴을 마주 보는 영광을 얻게 되리라고 희망합니다. 이것이 그리스도교의 궁극적인 희망, 영원한 생명을 얻는 구원입니다.

👥 그런데 천년왕국설을 주장하는 사람들은 하느님의 영원함을 파괴하는 것 같습니다. 예수님의 재림을 물질적 사고로 끌어내려 자신들의 기대를 충족하려는 것 아닌가요?

🧑 초기 그리스도교부터 천년왕국설은 박해 상황과 어려운 현실을 벗어나게 해 줄 구원자 메시아를 기다리면서 펼쳐졌다는 것을 앞에서 살펴보았습니다. 구약의 이스라엘 백성이 기다리던 메시아는 인간의 모습으로 찾아오셔서 배고픔도, 아픔도, 슬픔도 넘어설 수 있는 희망을 보여 주셨지요. 그리스도의 공생활 전부가 그랬고, 우리는 그것을 보고 듣고 체험한 이들의 증언을 성경에서 전해 듣고 있습니다. 예수님께서는 계속해서 복음을 통해 우리에게 그것을 들려주고 계시고요.

하지만 안타깝게도 사람들은 저마다 누군가를 메시아로 정해 믿으려고도 하고, 자신이 메시아가 되려고도 합니다. 메시아 신드롬이라고 해야 할까요? 예수님께서도 이것을 걱정하셨습니다. 그래서 "그때에 누가 너희에게 '보아라, 그리스도께서 여기 계시다!', 또는 '보아라, 저기 계시다!' 하더라도 믿지 마라. 거짓 그리스도들과 거짓 예언자들이 나타나, 할 수만 있으면 선택된 이들까지 속이려고 표징과 이적들을 일으킬 것이다. 그러니 너희는 조심하여라. 내가 이 모든 일을 너희에게 미리 말해 둔다"(마르 13,21-23)라고 당부하셨지요.

실제로 천년왕국설에 기초한 현대 그리스도교 분파들은 자신들이 사람들의 어려움을 해소해 줄 수 있다고 주장하면서 현실 인물 하나를 선택해서 메시아로 추앙합니다. 그가 지상에 돌아온 메시아, 곧 재림한 예수라고 주장하지요. 그들 대부분은 그 집단의 교주입니다. 그들은 신비 체험을 내세워 자신에게 하느님의 계시가 내렸고, 자신은 지상에서 특별한 임무를 부여받은 사람이라고 소개하며 사람들에게 접근합니다.

이들에게 예수님은 2천 년 전 십자가에서 실패한 인물로 치부됩니다. 죽었기 때문에 구원을 이루지 못했다는 것이지요. 그래서 실패한 예수가 가고 다시 메시아가 와야 한다고 주장합니다. 바로 자기 자신이 재림한 메시아라는 것이지요.

그들은 죽음을 피하고 거부하며 사라져야 할 것으로 여깁니다. 그들에게 죽음은 곧 실패니까요. 따라서 죽음을 거슬러 지금과 같은 육체의 생명을 영원히 유지하는 것이 구원이라고 믿습니다. 그리고 그 구원을 얻으려면 천년왕국인 자신들의 집단에 속해야 하고, 그 집단에 속한 사람만이 죽음을 맞이하지 않는다고 주장합니다.

재림의 때를 분리한 천년왕국

우리는 예수 그리스도의 파루시아 전까지 어떠한 공적 계시도 바라지 않으며, 예수 그리스도가 세우셨고 그분께만 믿음과 희망을 두는 교회 안에서 살아갑니다. 정해진 시간에 종말이 이루어진다고 주장하는 시한부 종말론자들이나, 천년왕국론을 토대로 거짓된 종말을 주장하는 유사 종교 이단 분파 대부분은 그리스도께서 세우신 교회와 그분의 모습이 밝히 드러날 파루시아, 곧 재림의 연속성과 연관성을 부정합니다. 그리고 그 가운데에 천년왕국이라는 중간 미래를 설정하여 현재와 미래를 분리합니다.

결국 그들이 '지상 천국'이라고 부르는 천년왕국은 자신들만의 왕국이군요? 가짜 그리스도, 가짜 메시아를 내세워 지상을 자신들의 천국으로 만드는 것이고요.

참된 교회는 그리스도의 영광스러운 다시 오심을 기다리는 여정을 걷습니다. 믿는 이들의 공동체인 교회는 예수 그리스도의 부활과 승천 후, 그분의 영광스러운 다시 오심을 기다리는 지상의 순례자입니다. 교회를 세우시고 다스리며 함께하시는 그리스도께서는 하느님 백성인 우리에게 당신의 영광스러운 재림에 대한 희망을 안겨 주셨습니다. 우리는 그 희망으로 교회의 목적지인 천상 예루살렘을 향해 희망의 순례 여정을 이어 가는 것이지요.

하지만 천년왕국론자들이 세운 지상 천국은 거기에 속한 선택된 사람만이 그리스도와 함께 지상에서 그 나라를 다스린다고 주장합니다. 그래서 지상 천국이 도래할 구체적인 날과 장소를 제시하지요. 그러다 보니 그 나라는 '기다려야 할 희망'이 아니라 '실현해야 할 숙제', 곧 '실현되었다고 속여야 할 거짓'이 되어 버린 것이고요. 그들은 그 나라를 실현하기 위해, 대립하는 이들과 영적 투쟁을 불사하고 전쟁까지 일으킵니다. 종교 개혁 시기, 이런 집단의 대상이 된 이들은 주로 평민이나 농민이었습니다. 가난한 이들에게 해방을 가져온다고 믿었던 그들은 교회가 하느님 나라를 닮아 쇄신되기를 바랐던 원의를 잊고, 자신들만의 왕국을 만들어 하나의 분파가 되었습니다. 지상에 이미 와 있는 하느님 나라인 교회와 아직 도래하지 않은 천상의 하느님 나라를 분리한 것이지요.

죽음을 넘어선 희망의 그리스도

앞에서 이야기했던 '파스카'라는 말 기억하십니까?

죽음에서 구원으로 건너가는 것이 파스카라고 하셨지

요. 구약의 이스라엘 백성들이 문설주에 어린양의 피를 발라 재앙을 면했듯, 십자가에서 흘린 예수 그리스도라는 어린양의 피로 모든 인간의 구원이 이루어질 것이라고요.

잘 기억하고 있군요. 성목요일 저녁부터 성금요일, 성토요일을 거쳐 주님 부활 대축일까지를 '주님 수난과 부활의 파스카 성삼일'이라 부릅니다. 그리스도의 죽음과 부활의 파스카는 하나의 사건으로서 그리스도인들의 희망입니다. 그리스도의 파스카가 곧 그리스도인들의 미래이며, 그리스도를 믿는 이들은 모두 죽음의 한계에 머물지 않고 그것을 넘어 부활하리라는 믿음이 바로 그리스도교 신앙의 정수이지요.

이미 예수님께서 보여 주셨듯이 부활은 인간의 이성이나 지상의 물질적 차원에서 생각할 수 있는 것이 아닙니다. 예수님과 그렇게도 가까웠지만 부활한 그분을 정원지기로 생각했던 여인(요한 20,15 참조)을 떠올려 보면 부활이 단순히 물질적인 형태로 지상의 몸을 다시 취하는 것이 아님을 알 수 있습니다. 그래서 부활과 소생을 구분해서 생각해야 합니다. 부활 후에는 지금의 생물학적 육신과는 다른 차원의 몸을 지니게 되는데, 바오로 사도는 "영적인 몸"(1코린 15,44)을 얻는다고 말합니다. 그렇지 않고 끊겼던 숨이 이어져서 노쇠한 몸을 다시 입고 살아난다면, 언젠가 그 몸이 수명을 다하는 날도 오지 않을까요? 그렇다면 영원할 수는 없겠지요. 그래서 죽음은 단절이 아니라 영원으로 건너가는 사건이라고 볼 수 있습니다. 생명에서 죽음을 거쳐 영원한 생명으로 건너가는 부활, 파스카를 우리는 희망합니다.

육신의 부활

육체의 숨이 멎는다고 해서 하느님께 속한 우리 존재가 사라지지는 않습니다. 육체적 죽음을 넘어서 우리는 하느님 안에 살아가고 있지요. 그것을 가톨릭 신앙에서는 영혼의 불멸, 혹은 영혼의 지속된 상태라고 말합니다.

죽음 이후 영혼과 육신은 분리되고, 우리 영혼은 각자가 살아온 대로 개인적인 심판을 받습니다. 다만, 하느님의 심판은 자비라는 사실을 잊지 마세요. 우리는 심판을 받겠지만 하느님의 자비, 곧 용서를 받을 것입니다. 그 정화 과정을 연옥이라고 말합니다(《가톨릭 교회 교리서》 1031항 참조). 연옥을 거치고, 그리스도께서 재림하시어 최후 심판이 이루어지고, 그때 우리는 잃었던 육신을 되찾아 부활할 것입니다. 교회는 이렇게 설명합니다. "'육신'이라는 용어는 연약하고 죽어야 할 운명에 놓여 있는 사람을 가리킨다. '육신의 부활'은 죽은 다음에 불멸하는 영혼뿐 아니라 우리의 '죽을 몸도'(로마 8,11) 다시 살아나리라는 것을 가리킨다"(《가톨릭 교회 교리서》 990항).

그리스도의 부활과 재림, 종말과 새 하늘 새 땅이 그렇듯이, '육신의 부활'에서 '육신'의 실체도 우리 인간이 상상하기에는 한계가 있습니다. 우리가 지상에서 지녔던 살과 피로 이루어진 육신을 다시 입는 소생이 아니기 때문이지요. 그리스도교에 '육신의 부활'이라는 믿음이 생겨난 데에는 다양한 역사적인 성찰이 있었습니다. 하지만 우리가 기억해야 할 것은 부활할 '육신'은 '영적 육신'을 가리킨다는 사실입니다. 그것은 '나'라는 인간 존재가 어떠한 부족함도 없이 완전하게 부활한다는 뜻이지요. 지상에서 지녔던 살과 피를 잃는다고 해서 하느님 앞에서 나라는 존재가 사라지는 것이 아닙니다. 하느님께서는 마지막 날, 더욱 완전한 모습으로 우리를 부활시키실 것입니다. 그렇기 때문에 생물학적 인간 육체를 지속할 수 있다는 주장은 하느님의 신비에 비추면 허무맹랑한 소리일 뿐입니다.

결국, 죽음은 우리 존재가 사라져 버리는 소멸이 아님을 기억해야 합니다. 죽음은 파멸과 끝이 아닙니다. 오히려 우리 그리스도인에게 죽음은 하느님 나라에서 하느님 얼굴을 마주 보고 영원한 생명을 누리는 완성을 향하는 입구입니다. 다시 한번 되새겨 봅시다. 그리스도인에게 죽음은 우리가 참여할 그리스도의 부활을 향해 한 걸음 한 걸음 나아가는 순례 여정이자, 영원의 차원으로 완성될 희망입니다. 이것을 잊지 않는다면, 지상에서 천년왕국이 펼쳐진다는 주장이나 그와 관련된 모든 형태의 주장은 받아들여질 수 없음이 분명해집니다.

죽음에 대한 가톨릭교회의 가르침

"죽음 앞에서 인간 운명의 수수께끼는 절정에 이른다." 어떤 의미에서 육체의 죽음은 자연적인 것이지만, 사실 신앙의 눈으로 보면 죽음은 "죄가 주는 품삯"(로마 6,23)이다. 그리고 그리스도의 은총을 간직하고 죽은 사람들은 주님의 죽음에 들어가는 것이니, 그리스도의 부활에 참여하게 될 것이다.

〈가톨릭 교회 교리서〉 1006항

그리스도인의 죽음은 그리스도 덕분에 긍정적인 의미를 지니게 되었다. "나에게는 삶이 곧 그리스도이며 죽는 것이 이득입니다"(필리 1,21). "이 말은 확실합니다. 우리가 그분과 함께 죽었으면 그분과 함께 살 것입니다"(2티모 2,11). 그리스도인의 죽음이 지닌 본질적 새로움은 바로 이것이다. 그리스도인은 세례를 통하여 새로운 삶을 살기 위해 이미 성사적으로 "그리스도와 함께 죽었으며", 우리가 그리스도의 은총 중에 죽으면 육체적인 죽음은 "그리스도와 함께 죽음"을 성취하고, 이렇게 해서 그리스도의 속량 행위 안에서 그분과 완전히 한 몸이 된다.

〈가톨릭 교회 교리서〉 1010항

죽음은 인간의 지상 순례의 끝이며, 지상 생활을 하느님의 뜻에 따라 실현하고 자신의 궁극적 운명을 결정하라고 하느님께서 주시는 은총과 자비의 시간의 끝이다. "단 한 번뿐인 우리 지상 생활의 여정을 마친 다음에" 인간은 또 다른 지상 생활을 위해 돌아오지 못한다. "사람은 단 한 번 죽게 마련이다"(히브 9,27). 죽음 뒤에 '환생'이란 없다.

〈가톨릭 교회 교리서〉 1013항

3. 구원의 현장인 교회

구원을 향해 가는 하느님 백성인 교회

🕮 우리는 앞에서 천년왕국을 앞세우는 집단들이 있음을 살펴보았습니다. 그들은 천년왕국을 맞이하기 위해서는 당장 준비해야 한다거나, 자신들이 천년왕국을 이루었다고 주장하지요. 이들이 때로는 교회 쇄신을 위한 청빈 운동과 결부되기도 했지만, 현대의 천년왕국설은 기존의 그리스도교 교파에서 떨어져 나가 신흥 종파가 되는 상황을 만들고 있습니다.

따라서 천년왕국설을 올바로 비판하기 위해서는 먼저 교회를 올바로 이해해야 합니다. 우리는 흔히 '교회'하면 '○○ 개신교회' 혹은 '○○ 천주교회'를 생각할지 모릅니다. 하지만 교회의 본질을 올바로 이해한다면, 다른 교회들은 다 거짓이고 자신들만이 유일하고 참된 교회이며 또 참된 천년왕국을 앞당겼다는 주장에 현혹되지 않을 수 있습니다.

먼저, 1962년부터 1965년까지 가톨릭교회에 벌어진 중요한 사건 하나를 설명하겠습니다. 그때 바티칸에서는 온 세계 교회가 함께 나아갈 길을 모색하는 '공의회'가 열렸습니다. 이 회의에서 다룬 '교회' 개념은 우리가 교회를 이해하는 데에 아주 핵심적인 내용을 담고 있습니다.

사실 그리스도교 역사에서 수차례 열린 공의회의 목적은 주로 교회가 이단에 맞서 응답하고 신앙을 정립하기 위한 것이었습니다. 그런데 가장 최근에 열린 이 공의회는 좀 달랐습니다. 이단을 단죄하기 위해서가 아니라, 우리의 신앙을 성찰하고 변화하는 시대 안에서 교회가 나아가야 할 이정표를 찾고자 했지요. 이 공의회가 바로 제2차 바티칸 공의회입니다. 이 공의회를 통해 본격적으로 '교회'를 '하느님 백성'이라고 부르기 시작했습니다.

교회의 개념을 새롭게 이해하려고 했던 것이군요?

'하느님 백성'이 제2차 바티칸 공의회에서 처음 만들어 낸 개념은 아닙니다. 역사 속에서 계속해서 다루어졌던 말이지만, 교회는 단순히 '○○ 성당'이 아니라, '세례 받은 이들'인 우리 모두라는 사실을 공의회가 강조한 것이지요. 세례를 받은 모든 이는 임금이자 주인(주님)이신 하느님을 따르는 백성들이기 때문에 교회는 결국 우리 자신입니다.

여기에 더해서 교회의 종말론적 구원에 대해 이야기해 보겠습니다. 하느님 백성인 우리는 구원을 갈망하고 구원을 향해 살아가지만 결국 죽음에 이릅니다. 하지만 신앙인들에게 죽음은 절망과 한계가 아님을 우리는 알지요. 예수 그리스도께서 죽음이 끝이 아니라 영원한 생명의 시작임을 보여 주셨으니까요. 물론, 우리는 죽어 보지 않았기 때문에 죽음 이후에 어떤 세계가 펼쳐질지 알 수 없어 두렵기도 합니다. 죽으면 우리가 지금 행복하게 누리던 것들과 헤어져야 하기 때문에 죽음을 슬픈 것, 피하고 싶은 것, 심지어 나쁜 것으로 느끼기도 하고요. 어쩌면 당연한 일이지요. 그리스도교 신앙도 이 사실을 무시하며 두려워하거나 슬퍼하는 사람을 신앙심이 없다고 탓하지 않습니다. 단지, 우리 모두는 죽음을 맞이하겠지만, 예수 그리스도께서 십자가의 죽음을 넘어선 부활로 영원한 생명의 희망을 보여 주셨기 때문에 우리는 그것을 믿고 기뻐할 수 있다는 것입니다. 그래서 지금을 살아가는 하느님 백성인 우리 모두는 영원한 생명이라는 구원을 향해 걸어가는 순례자입니다.

순례자 교회

천상병 시인의 〈귀천〉을 다시 한번 떠올려 봅시다. 시인은 "나 하늘로 돌아가리라. 아름다운 이 세상 소풍 끝내는 날 가서, 아름다웠더라고 말하리라"라며 우리 삶을 소풍에 빗대어 표현했지요. 아주 신앙적인 표현입니다. 순례와 소풍은 같은 의미라고 볼 수 있겠습니다. 하지만 한 걸음 더 나아가 지상의 순례가 단순히 산책이 아니라는 점을 기억할 필요가 있습니다. 순례는 정확한 목적지를 향해 나서는 여행이고 산책은 그렇지 않을 수도 있으니까요. 우리에게는 명확한 목적지가 있습니다. 그곳이 어디인가요?

👥 천국 아닌가요? 모두 천국에 가고 싶어 하잖아요.

👤 맞습니다, 천국. 그 목적지는 바로 하느님 나라입니다. 하느님 백성인 우리는 천상 하느님 나라의 마지막 완성을 향한 여정을 걷는 순례자입니다.

순례를 나서 본 적이 있습니까? 저는 산티아고 순례길을 걸었던 때가 떠오릅니다. 그때 순례는 우리가 원하는 길만을 펼쳐 주지는 않는다는 것을 체험했지요.

평탄한 길을 상쾌한 바람을 맞으며 걸을 때도 있지만, 돌길이나 뙤약볕 속을 걸어야 할 때도 있습니다. 오르막길을 만나 다리에 힘을 더 주어야 할 때도, 내리막에서 조심조심 넘어지지 않으려 애를 써야 할 때도 있고요. 하지만 우리가 잊지 않아야 할 것은, 이 모든 여정에서 하느님은 우리를 홀로 두지 않으신다는 사실입니다! 돌밭이든 오르막길이든 꽃길이든, 그분은 언제나 우리와 함께 걸어 주시는 "임마누엘"(마태 1,23) 하느님입니다. 그리고 이 모든 순례의 과정이 바로 교회가 하느님 나라를 향해 가는 여정입니다.

하느님 백성이 걷는 이 길에 잠시 쉬어 갈 그늘이 마련될 수는 있습니다. 하지만 그리스도의 재림이 앞당겨져 지상에서 이루어지고, 그 나라가 천 년 동안 유지되며, 천 년 이후에는 자기 집단에 속한 사람만 구원을 받는다는 천년왕국설의 주장은, 가톨릭의 종말신앙과는 완전히 다르다고 쉽게 정리할 수 있습니다.

예수님은 우리가 힘든 길을 걷는다고 당장 오셔서 그 길에 레드 카펫을 펼쳐 주시는 슈퍼맨이 아닙니다. 오히려 우리와 함께 아파하고 기뻐하고 슬퍼하며 그 길을 같이 걸으시지요. 이것을 기억한다면 천년왕국설에 쉽게 현혹되지 않을 겁니다. 유사 종교들은 천년왕국설을 기초로, 당장에 재림하신 예수님이 삶의 어려움을 말끔하게 없애 주시는 것이 구원이고, 지상에 펼쳐지는 하느님 나라이자 해결책이라고 주장합니다. 하지만 그것은 지극히 인간적이고 물질적이며 조급하고 편협한 생각일 뿐입니다. 그래서 순례의 길 위에서 어려움에 맞닥뜨린 사람들에게 슬며시 다가가, 지상에서 천상왕국이 이루어진다며 유혹하는 그들을 경계해야 합니다.

순례하는 교회

의로움이 깃드는 새 하늘과 새 땅이 이루어질 때까지(2베드 3,13 참조), 순례하는 교회는 자신의 성사들 안에서 그리고 이 시대에 딸린 제도 안에서 지나갈 이 현세의 모습을 지니고, 아직까지 신음하고 진통을 겪으며 하느님의 자녀들이 나타나기를 기다리는 피조물들 사이에서 살고 있다(로마 8,19-22 참조).

〈교회 헌장〉 48항

순례하는 교회와 천상교회와의 친교

그러므로 주님께서 당신 위엄을 갖추시고 모든 천사를 거느리고 오실 때까지(마태 25,31 참조), 또 죽음을 물리치시고 모든 것을 당신께 굴복시키실 때까지(1코린 15,26-27 참조), 주님의 제자들 가운데에서 어떤 이는 지상에서 나그넷길을 걷고 있고, 어떤 이는 이 삶을 마치고 정화를 받으며, 또 어떤 이는 "바로 삼위이시며 한 분이신 하느님을 계시는 그대로 분명하게" 뵈옵는 영광을 누리고 있다. 그러나 우리는 모두 하느님과 이웃에 대한 같은 사랑 안에서 참으로 여러 단계와 방법으로 친교를 이루고 있으며 우리 하느님께 영광의 같은 찬미가를 노래하고 있다. 그리스도께 딸린 모든 사람은 그분의 성령을 모시고 하나인 교회로 뭉쳐서 그리스도 안에서 서로 결합되어 있기 때문이다(에페 4,16 참조). 그러므로 그리스도의 평화 속에 잠든 형제들과 나그네들의 결합은 조금도 중단되지 않으며, 더욱이 교회의 변함없는 신앙에 따르면, 영신적 선익의 교류로 더욱 튼튼해진다. 천상에 있는 사람들이 그리스도와 더 친밀하게 결합되어 있기 때문에 그들은 온 교회를 성덕으로 더욱더 튼튼하게 강화하고, 교회가 이 지상에서 하느님께 드리는 예배를 존귀하게 만들며 교회의 더욱더 광범위한 건설에 여러 가지로 이바지하고 있다(1코린 12,12-27 참조). 왜냐하면 본향으로 받아들여져 주님과 함께 사는 이들은(2코린 5,8 참조) 주님을 통하여 주님과 함께 주님 안에서 끊임없이 하느님 아버지께 전구하며, 하느님과 사람들 사이의 유일한 중개자이신 예수 그리스도를 통하여(1티모 2,5 참조) 모든 일에서 주님을 섬기고 그리스도의 몸인 교회를 위하여 그리스도의 남은 고난을 자기 몸으로 채우며(콜로 1,24 참조) 이 지상

> 에서 쌓은 공로를 보여 드리기 때문이다. 따라서 그들의 형제적 배려로 우리의 연약함이 많은 도움을 받는다.
>
> 〈교회 헌장〉 49항

구원의 공동체인 교회

교회는 그리스도의 다시 오심을 기다리며 살아가는 이들의 공동체입니다. 교회는 "세상이 생길 때부터 이미 예표되었고, 이스라엘 백성의 역사와 구약에서 오묘하게 준비되었고, 마지막 시대에 세워져 성령강림으로 드러났으며, 세말에 영광스러이 완성될 것"(《가톨릭 교회 교리서》 759항)입니다. 세상 창조부터 완성에 이르기까지의 교회 여정 자체가 종말론적 의미를 담고 있지요.

'교회ἐκκλησία'는 본래 '불러 모으다ἐκκαλɳώ'라는 뜻을 담고 있습니다. 하느님 백성을 불러 모으기 위한 먼 준비는 아브라함을 부름으로써 시작되었습니다. 이스라엘은 모든 민족을 모으는 징표가 되었고, 이를 통한 하느님의 계획은 때가 찼을 때 성자 예수 그리스도로부터 실현되었지요(《가톨릭 교회 교리서》 762항 참조). 예수님께서 세상에 파견되셨으니까요. "예수님께서는 오래전부터 성경에서 약속된 하느님의 나라가 다가왔다는 기쁜 소식을 선포하심으로써 당신 교회를 시작"(《가톨릭 교회 교리서》 763항)하신 것입니다. 또한 "예수님께서는 당신의 공동체에 하느님 나라가 완전히 이룩될 때까지 지속될 조직"(《가톨릭 교회 교리서》 765항)을 만들어 주셨는데 이것이 바로 우리가 모여 있는 공동체인 교회입니다. 이 교회를 끊임없이 거룩하게 하시고자 오순절에 성령께서 파견되셨지요(《가톨릭 교회 교리서》 767항). 이렇듯 교회는 성부와 성자와 성령께서 세우고 다스리시는 하느님 백성 자체입니다. 하느님께서는 당신 백성을 지켜 주고 완성해 주실 것입니다.

교회의 완성은 천년왕국론자들이 말하는 것처럼 지상에서 분리된 공동체를 세움으로써 이루어질 수 없습니다. 이를 교리서는 "교회는 그리스도께서 영광스럽게 다시 오실 때 '비로소 천상 영광 안에서 완성될 것'"(《가톨릭 교회 교리서》 769항)이라고 확실히 알려 줍니다.

교회는 세상 시작 때부터 예표되었고, 그리스도로부터 세워졌으며, 성령강림으로 완전히 밝혀져 거룩함을 향해 나아갑니다. 교회를 통해 하느님께서는 지금도 구원의 손길을 펼치고 계십니다. 그러니까 우리가 살아가는 이 시기가 결코 하느님과 분리되어 있거나 구원의 손길이 전혀 미치지 않는 상태라고 여기면 안 됩니다. 삼위일체 하느님께서는 구원 역사 안에서 우리를 충실히 이끌고 계시니까요.

하느님의 구원 계획은 예수 그리스도의 십자가를 통해서 '이미' 실현되었지만 '아직' 완성되지 않았습니다. 이처럼 그리스도인은 세례를 통해서 이미 구원에 동참하면서, 다른 한편으로는 마지막 날에 그리스도께서 재림하시어 세상을 심판하고 완성하며 당신을 믿는 이들을 모두 구원해 주시리라는 믿음과 희망을 품고 살아갑니다.

인간에게 구원이 하느님과 함께하는 영원한 행복이라면, 예수 그리스도께서 세우신 교회가 성령강림으로 우리에게 완전히 드러난 것으로 구원을 미리 맛볼 수 있습니다. 이를 통해 영원히 함께하시는 하느님을 만나고 체험했으니, 영원한 행복을 미리 맛보는 것과 다름없지요. 지금도 하느님께서는 우리와 함께하시면서 당신 구원의 역사를 계속 펼쳐 가십니다. 힘들 때 토닥토닥 우리를 위로하시고, 절망에 쓰려져 있을 때 우리의 눈물을 닦아 주시면서 말이에요. 이것이 우리에게는 참된 행복이지요.

힘들고 지치고 괴롭고 외로울 때, 보이지 않지만 우리와 함께하시는 하느님을 찾고 그분께 기도하는 것이 구원의 공동체 안에서 종말의 희망을 키우는 것임을 잊지 마시기 바랍니다!

거룩하고 보편된 교회

현대 신흥 종파들은 구원될 사람이 14만 4천 명이라고 하잖아요. 그렇다면 하느님이 너무 편협하시지 않나요? 하느님은 모두가 구원받기를 바라실 것 같은데요.

당연하지요! 하느님께서 구원하고자 하시는 마음은 모든 이를 향해 있습니다. 그래서 이를 하느님의 보편적 구원 의지라고 합니다. 이는 말 그대로 '모든 시대', '모든 사람'을 향해 보편적으로 드러나지요.

그런데 천년왕국설을 주장하는 집단들은 특정 숫자, 예를 들어 14만 4천 명만이 구원을 받는다고 제시합니다. 마치 유명 맛집에서 번호표를 뽑고 기다리는 사람의 심리를 이용하듯 14만 4천이라는 숫자를 통해서 사람들에게 조급함을 조장하며 자기 집단의 세력을 넓혀 가지요. 그리고 그 집단의 소속원이 14만 4천 명이 되었지만 예고와 달리 아무 일도 일어나지 않을 때, 소속원들이 진정 하느님 마음에 드는 14만 4천이 아니라고 핑계를 대며 더 높은 충성도를 요구합니다.

이들이 주장하는 14만 4천은 어디서 나온 숫자일까요? 요한묵시록 7,4은 "인장을 받은 이들의 수가 십사만 사천 명"이라고 전하고, 14,1에는 어린양과 "함께 십사만 사천 명이 서 있는데, 그들의 이마에는 어린양의 이름과 그 아버지의 이름이 적혀" 있었다고 기록되어 있습니다. 이것은 무슨 뜻일까요?

요한묵시록은 상징하는 바를 다양한 숫자로 나타냅니다. 이는 묵시문학의 특징인데, 그것을 사용한 의도가 있다는 뜻이지요. 144×1,000입니다. 144는 12의 제곱(12×12)인데, 성경에서 12는 하느님 백성인 이스라엘 전체를 상징하는 이스라엘 열두 지파와 신약의 새로운 하느님 백성을 대표하는 열두 사도를 암시합니다. 그리고 1,000은 십계명을 상징하며, 완전수라고도 하는 10을 세 번 곱한 것으로 무한함과 충만함을 표현할 때 사용되곤 했습니다. 따라서 이 숫자들을 모두 곱하면(12×12×1,000) 14만 4천이 되는데, 이는 하느님 백성을 상징하는 12와 무한함과 충만함이 거듭되어(곱해져) 더 이상 많을 수 없는 큰 수를 가리킵니다. 따라서 인장(선택)을 받은 14만

4천 명은 하느님 백성으로 선택받은 이들의 수가 하느님 백성 전체라는 것을 뜻합니다. 단순히 숫자를 세는 의미가 아니라 숫자에 담긴 상징, 곧 하느님께서는 당신 백성 모두를 구원하고자 하신다는 '보편적 구원 의지'를 담고 있습니다. 14만 4천은 편협한 숫자가 아니라 오히려 무수히 많은 이가 하느님의 백성이 될 수 있음을 암시합니다.

하느님께서는 모든 사람에게 생명의 숨과 당신의 모든 것을 주셨고(사도 17,25-28 참조), 모든 사람이 구원을 받고 진리를 깨닫게 되기를 바라십니다(1티모 2,4 참조). 구원은 특정한 이들만을 위한 것이 아니라, 유일하고 보편적인 구세주이신 예수님께 믿음과 희망을 두는 모든 사람에게서 실현됩니다. 따라서 재림과 심판 때에 무섭고 두려운 하느님만을 강조하거나, 오직 자신들의 공동체에만 구원이 있다는 주장은 그릇된 선민의식입니다.

구원받을 사람의 숫자를 인간이 정한 한계에 가둘 수는 없습니다. 하느님의 마음과 자비는 생각할 수 없을 만큼 크기 때문에, 우리는 하느님의 보편적 구원 계획을 믿습니다.

성부의 보편적인 구원 계획

영원하신 하느님 아버지께서는 당신 지혜와 자비의 지극히 자유롭고 심오한 계획으로 온 세상을 창조하시고, 인간을 들어 높여 신적 생명에 참여하게 하셨다. 아담 안에서 타락한 인간들을 버리지 않으시고, "보이지 않는 하느님의 모상이시며 모든 피조물의 맏이이신"(콜로 1,15) 구세주 그리스도를 보시어, 언제나 인간들에게 구원의 도움을 주셨다. 그리고 성부께서는 모든 뽑힌 이를 영원으로부터 "미리 아시고, 많은 형제 중에서 맏아들이 되신 당신의 아드님과 같은 모상이 되도록 미리 정하셨다"(로마 8,29 참조). 또한 그리스도를 믿는 이들을 거룩한 교회 안에 불러모으기로 결정하셨다. 이 교회는 세상이 생길 때부터 이미 예표되었고, 이스라엘 백성의 역사와 구약에서 오묘하게 준비되었고, 마지막 시대에 세워져 성령강림으로 드러났으며, 세말에 영광스러이 완성될 것이다. 그때에는, 거룩한 교부들의 기록대로, "의인 아벨부터 마지막 뽑힌 사람까지" 아담 이래의 모든 의인이 보편 교회 안에서 하느님 아버지 앞에 모이게 될 것이다.

〈교회 헌장〉 2항

4. '이미'와 '아직' 사이의 희망

종말의 중심이신 예수님

'종말'이라고 할 때, 우리는 곧바로 영원한 하느님이신 예수님만을 바라보아야 합니다. 그리스도교 종말의 중심은 사람이 되시고 십자가에 달려 돌아가시고 부활하신 하느님, 곧 그리스도이십니다. 그래서 그리스도교 신앙은 그 자체로 종말론적이라고 할 수 있습니다. 그리스도교는 하느님께서 인간을 너무나 사랑하신 나머지 우리와 같은 모습으로 사람이 되어 오시어 세상을 이기고, 완성을 향해 우리를 영원한 생명의 나라로 이끄시는 것이 구원이라고 믿습니다. 예수님과 만난다면 하느님의 구원이 이미 우리에게 이루어지고 있음을 체험하게 됩니다.

여러분에게도 신앙을 유지하게 해 주는 하느님 체험이 있을 것입니다. 하느님 체험이란 그리 거창하지 않을 수도, 매일 뜨겁게 지속되지 않을 수도 있습니다. 그렇다고 실망하지 마세요. 일상의 작은 일에서 하느님을 만나고 있을 테니까요. 내가 바랐던 기도가 이루어지는 체험도 하고, 내 뜻이 아닌 하느님의 뜻을 깨달으면서 하느님을 체험하기도 하지요. 매일의 일상 속에서 하느님을 만난다고 느끼지 못할 때도 있지만, 하느님께서는 우리에게 항상 손을 내밀고 계십니다. 이를 깨달아 그 손을 마주 잡을 수 있다면 하느님과 나의 사랑은 지상에서도 완성될 수 있습니다. 그렇게 완성된 사랑의 기억들을 지니고 있을 때, 때로는 척박하고 외로운 시간을 보낼지라도, 하느님에 대한 희망을 잃지 않을 수 있습니다. 우리는 그 희망으로 영원한 풍요를 기다리고 갈망하며 살아갑니다.

그리스도의 파루시아, 구원의 완성은 미래에 다가올 것이지만, 우리 곁에 항상 계신 하느님을 통해 미리, 그리고 '이미' 체험됩니다. 우리는 매 주일 예수님의 몸을 보고 모시면서 구원의 완성을 향한 기다림을 희망으로 체험하며 살아갑니다.

하느님 나라의 신비를 알고 싶으신가요? 그렇다면 예수님께 눈을 돌리세요! 하느님 나라의 신비는 바로 예수 그리스도께 있으니까요. 예수님 안에서 하느님 나라는 드러났습니다. 이것을 조금 어려운 말로 예수님에게서 하느님 나라가 '인격적으로' 드러났다고 합니다. "말씀이 사람이 되시어 우리 가운데 사신"(요한 1,14) 그분이 바로 하느님이시고, 그분 안에 하느님 나라가 있기에, 그분이 하느님 나라입니다. 하느님 나라는 결코 지상의 국가나 특정 집단이 아닙니다.

하느님 나라는 예수님 자신이며, 예수님께서 우리와 함께하시기 때문에 그 나라는 이미 우리에게 와 있습니다. 따라서 예수님께서 다시 오시는 날 충만한 완성과 영원한 생명이 이루어지리라 우리는 희망합니다. 그날이 도래하기까지는 하느님 나라가 아직 완성되지 않았다고 말하는 것이지요. 결국, 이미 와 있는 하느님 나라와 아직 오지 않은 하느님 나라의 중심에는 예수님이 계심을 잊지 말아야 합니다.

'교회'는 하느님께서 불러 모으신 공동체임을 앞에서 보았습니다. 교회는 역사라는 시간 안에서 하느님 나라를 드러내는 특별한 상징이라고도 볼 수 있습니다. 예수 그리스도가 세우고 함께하는 공동체는 시간의 역사로 불린 공동체이니까요. 우리 역시 시간의 역사로 불렸습니다. 교회가 하느님 나라로서 완성을 이룰 때까지, 즉 천국이 이루어질 때까지 우리는 복음 선포의 사명을 통해서 세상 속에서 영원한 구원을 선포하면서 살아가야 하는 것이지요(《가톨릭 교회 교리서》 767항 참조). 우리는 지상에서 완성된 하느님 나라를 찾으려고 헤매지 않습니다. 지상의 어느 집단에서도 하느님 나라와 같은 완전함을 찾을 수 없기 때문입니다.

종말을 기다리는 태도, '편안한 긴장'

그렇다면 종말의 완성을 향해 나아가는 우리의 자세에서 '깨어 있음'과 더불어 어떤 마음가짐이 필요할까요?

천막을 쳐 본 적이 있으세요? 천막을 붙들어 매는 끈이 적절하게 긴장을 유지해야만 천막이 고정되는 것처럼, 우리가 살아가는 동안 겪는 긴장을 불편하게만 여길 필요는 없습니다. 어쩌면 긴장은 항상 있는 것이기에, 그 속에서 편안함을 찾는 것이 중요하겠지요.

종말을 기다리는 것도 긴장을 유지하는 것과 같을 수 있습니다. 이미 이루어진 지상의 하느님 나라인 교회와 아직 이루어지지 않은 천상의 하느님 나라 사이에는 긴장이 있습니다. 우리는 그 안에서 편안함을 찾아야 합니다. 이 나라를 완성으로 여기고 아직 도래하지 않은 하느님 나라를 찾지 않는다면, 현실에 안주하고 하느님 나라를 지상의 물질세계로 끌어내리는 오류를 범하게 됩니다. 이런 태도는 자기 집단이 지상 천국이라고 주장하며 천상의 하느님 나라를 지상의 교회로 바꾸어 버리려는 이들에게서 나타납니다. 교회 안에서 신앙생활을 하면서도 하느님 나라를 갈망하지 않는 무감각한 신앙도 천막을 고정하는 줄을 느슨하게 만든다고 할 수 있습니다.

하지만 하느님 나라를 갈망한 나머지 종말의 긴장을 너무 팽팽하게 당겨도 위태로워집니다. 다가올 날이 궁금해서 점을 보러 간다거나, 오직 하느님께서 앞일을 알려 주고 복을 주시기를 바라는 마음으로만 기도를 채우는 것이 바로 그런 모습이지요. 천막을 유지하는 한쪽 줄을 다가올 날에 대한 기대와 믿음의 장력으로 잡아당기고, 다른 한쪽은 현재를 충실하게 살아가는 힘이라는 장력으로 적절하게 잡아당기는 것을 잊었으니 말입니다.

종말에 완성될 하느님 나라

종말에 완성될 하느님 나라와 지금 우리가 살아가는 교회가 본질이 다르거나 분리된 것이 아니군요?

교회는 세상 창조 때부터 예표되었고, 하느님께서는 이스라엘 백성을 선택하여 계약을 맺으시고 당신을 섬기는 거룩한 백성이 되게 하심으로써 교회를 오묘하게 준비하셨습니다. 하느님께서 이스라엘과 맺으신 옛 계약(구약)을 그리스도의 피로 새롭게 하셨고(신약), 성령 안에서 하나로 모으셔서 새로운 하느님 백성이 되게 하셨지요. 우리는 하느님 백성이기 때문에 결국 '우리가 교회'입니다.

하느님 백성인 우리는 그리스도에 대한 같은 믿음을 고백합니다. 그 "믿음에 실천이 없으면 그러한 믿음은 죽은 것"(야고 2,17)이기에, 우리는 가난하고 고통받고 슬퍼하는 이웃에게 그리스도께서 보여 주신 사랑을 실천함으로써 그 믿음이 완전해지도록 노력해야 합니다(야고 2,22 참조). 또한 하느님 백성은 종말에 완성될 하느님 나라가 다가올 때까지, 끊임없이 전례 공동체 안에서 "아멘. 오십시오, 주 예수님!"(묵시 22,20) 하고 함께 기도하며 복된 희망을 품고 구세주 예수 그리스도의 재림을 고대합니다. 이 교회는 종말, 곧 하느님 나라를 준비하고 그 완성을 향해 충실히 걸어가며, 그 나라를 앞당겨 미리 경험하고 맛볼 수 있는 믿음과 희망과 사랑의 공동체입니다.

하느님 따로, 교회 따로가 아니라는 말씀이군요. 우리의 종말신앙 역시 교회와 분리될 수가 없다는 것을 다시 한번 느낍니다. 하느님 나라와 교회 사이에 다른 준비 단계가 필요한 것이 아니라 그리스도의 재림으로 교회는 종말에 하느님 나라의 완성을 맞으리라는 믿음도 생기고요.

바오로 사도는 "믿음은 들음에서 오고 들음은 그리스도의 말씀으로 이루어집니다"(로마 10,17)라고 말씀하셨습니다. 하느님 나라를 향한 여정에서, 예수 그리스도께서 교회를 세우신 후에 교회는 계속해서 말씀을 충실히 듣고 그 말씀과 그리스도에 대한 생생한 믿음을 전해 왔습니다. 그 '복음'은 그리스도께서 사도들에게 당신의 말씀과 행동으로, 그리고 십자가의 죽음과 부활을 통해서 전해 주셨습니다. 이제 그리스도의 영원한 생명의 말씀인 복음을 깨닫게 해 주고 살아 있게 해 주는 성령을 받은 사도들은 다음 세대로 복음을 전달했고 우리에게까지 이어졌습니다.

복음은 성경을 통해서도 전해졌지만, 교회의 전통(성전)을 통해서도 전달되었습니다. 성경과 성전은 모두 교회 제도와 규범 속에서 올바로 해석되어야 합니다. 가톨릭교회라는 공동체 안에서 공적으로 해석되어 함께 고백하는 믿음에 어긋나지 않고, 올바른 믿음을 성장시킬 수 있도록 검증하는 과정이 필요합니다.

그리스도교 신앙은 근본적으로 교회라는 '공동체'와의 결속 안에서 형성되고 자라납니다. 우리의 신앙은 교회로부터, 교회 안에서 받은 것이니까요. 우리가 믿음을 지니게 된 데에는 복음을 전해 들은 각자의 연유가 있을 겁니다. 유아세례로 부모님께 신앙을 전해 받았거나, 주변의 선교로 복음을 전해 들었거나, 또는 아주 우연한 기회에 신앙을 갖고자 하는 의지가 움텄다면 그 또한 하느님의 손길이 있었기에 가능했던 것이지요. 베네딕토 16세

교황님께서는 "우리의 삶은 서로 관련되어 있고, 수많은 관계를 통하여 함께 연결되어 있습니다. 혼자 살아가는 사람은 아무도 없습니다. 혼자 죄짓는 사람은 아무도 없습니다. 혼자 구원받는 사람은 아무도 없습니다"(《희망으로 구원된 우리》 48항)라고 말씀하셨습니다. 이렇게 우리의 신앙 여정은 늘 공동체의 각 지체들과의 관계 속에서 이루어져야 합니다. 공동체 구성원들과 '인격적' 관계를 맺고 교회 안에서 친밀함과 결속감, 그리고 소속감을 가짐으로써 함께 신앙을 고백해야 합니다.

하느님 나라의 싹과 시작

거룩한 교회의 신비는 그 창립에서 드러난다. 주 예수님께서는 "때가 차서 하느님의 나라가 가까이 왔다"(마르 1,15; 마태 4,17 참조) 하시며 오래전부터 성경에서 약속된 하느님의 나라가 다가왔다는 기쁜 소식을 선포하심으로써 당신 교회를 시작하셨던 것이다. 이 나라는 그리스도의 말씀과 활동과 현존 안에서 사람들에게 빛나기 시작한다. 곧 주님의

> 말씀은 밭에 심은 씨앗과 비슷하여(마르 4,14 참조), 그 말씀을 믿음으로 듣고 그리스도의 작은 양 떼에(루카 12,32 참조) 들게 된 사람들이 하느님의 나라를 받아들인 것이며, 그런 다음에 씨앗은 저절로 싹이 터 수확 때까지 자라난다(마르 4,26-29 참조). 예수님의 기적들 또한 그 나라가 이미 지상에 와 있음을 증명하여 준다. "내가 하느님의 손가락으로 마귀들을 쫓아내는 것이면, 하느님의 나라가 이미 너희에게 와 있는 것이다"(루카 11,20; 마태 12,28 참조). 그러나 모든 것에 앞서, 하느님의 나라는 바로 그리스도 자신에게서 드러난다. 하느님의 아들이시며 사람의 아들이신 그리스도께서는 "사람들을 섬기러 오셨고 또 목숨을 바쳐 많은 사람을 구원하러 오셨다"(마르 10,45 참조).
>
> 〈교회 헌장〉 5항

그렇지만 때로 교회 공동체가 사회의 다른 모임과 다르지 않을 때가 있는 것 같아요. 즐거울 때도 있지만, 갈등이나 인간관계의 어려움을 겪기도 합니다. 함께 기도한다고 모였음에도 하느님을 찾기 어려울 때도 있고요.

기도를 해도 하느님을 찾기 어려울 때가 있지요. 교회 안에서 불완전하고 위태로운 인간적인 모습이 자주 나타나기도 합니다. 어쩌면 고대 수도승들이 하느님 나라의 도래를 기다리고자 동굴로 들어가거나, 하느님 나라의 이상을 현실에서 실현하고자 공동체를 이루었던 것도 그와 같은 이유일 수 있겠습니다. 천년왕국설을 다시 불러일으킨 피오레의 요아킴 역시 그런 이유에서 순수한 의도를 가졌을 수 있고요.

'유토피아'라는 말을 들어 본 적이 있을 겁니다. 유토피아는 토머스 모어가 쓴 소설 제목입니다. 이 책에서 그는 유토피아라는 한 섬나라를 설정하고 그곳에 이상적인 사회를 건설합니다. 유토피아는 그리스어 *ou*(없다)와 *topos*(장소)가 합쳐진 말입니다. 안타깝게도 우리는 현실에서 계속해서 더 나은 것을 찾는 과정을 되풀이할 뿐, 완전한 무언가를 손에 넣지 못합니다. 완전한 무언가를 얻었다고 하는 순간, 이미 그 이상을 갈망하게 되니까요.

지상의 하느님 나라인 교회도 하느님 구원 계획의 한 과정입니다. 그래서 교회는 완전한 구원을 '향해 나아가는' 공동체라고 말할 수 있습니다. 비록 지금 완전할 수는 없지만, 지상 순례가 끝날 때에는 완전함을 맞이하리라는 확신을 갖고 걸어가는 공동체이지요.

하느님 구원 계획의 완성은 천상 하느님 나라의 실현입니다. 그리스도의 재림, 곧 파루시아로 하느님 나라가 도래하리라는 기대입니다. 하지만 그 나라는 선택된 몇몇 사람들만 들어가는 그런 나라가 아닙니다. 설사 그렇다 하더라도, 선택된 사람과 그렇지 못한 사람을 인간은 알 수 없습니다. 오직 하느님만이 아시지요. 다만, 우리가 지상 생활을 충실히 살아간다면, 심판 때 하느님께 용서라는 상급을 받아 하느님 나라에 들어갈 수 있으리라는 희망을 간직합니다. 비록 죄를 범했을지라도, 우리의 죄를 용서하시는 자비로우신 하느님께서 연옥의 정화를 통해서 우리 죄를 씻으시고 천국으로 초대하시리라는 믿음이 바로 가톨릭 신앙의 종말론적 믿음입니다.

교회가 아직 완성되지 않은 하느님 나라라는 말은 사실입니다. 교회는 한 번도 완전한 적이 없었습니다. 끊임없이 하느님의 뜻을 찾으며 지상에서 완전함을 갈구하며 살아가고 있을 뿐입니다. 천상 하느님 나라만이 완성된 하느님 나라로서 미구未久에 도래하리라는 믿음이 가톨릭 종말신앙입니다.

🗣 지금까지 이야기한 것처럼 '교회는 하느님 나라의 앞선 형태'라는 말씀이시군요.

🧑 지상교회는 완전한 천상교회인 하느님 나라와 같다

고 할 수 없습니다. 그래서 지상교회는 항상 과제를 지닙니다. 교회를 통해서 끊임없이 이 세상 너머의 세계를 바라볼 수 있도록 사람들을 인도하는 것이지요.

역사 속에서 천년왕국설을 주장하는 사람들은 지상에서 실현될 천상왕국을 사회적 체계로서 교회의 모습으로 오해했습니다. 그래서 지상교회로 천상의 하느님 나라를 대체하려다 보니, 그들만의 생각으로 천상의 하느님 나라를 만들어 버렸지요. 하지만 우리는 교회 안에서 우리의 한계를 받아들이고 그 너머에 있는 하느님 나라의 완성을 갈망합니다. 기뻐할 때나 좌절할 때나, 가볍게 뛰어가거나 넘어지기도 하면서, 주님께서 허락하신 오늘을 충실히 걸어가야 하는 것이지요.

교회의 종말론적 성격

이미 세기들의 종말이 우리에게 다가왔으며(1코린 10,11 참조) 세상의 쇄신도 되돌이킬 수 없이 결정되어 이 현세에서 어느 모로 미리 이루어지고 있다. 교회가 이미 지상에서 참된 성덕으로 불완전하게나마 드러나고 있기 때문이다. 그러나 의로움이 깃드는 새 하늘과 새 땅이 이루어질 때까지(2베드 3,13 참조), 순례하는 교회는 자신의 성사들 안에서 그리고 이 시대에 딸린 제도 안에서 지나갈 이 현세의 모습을 지니고, 아직까지 신음하고 진통을 겪으며 하느님의 자녀들이 나타나기를 기다리는 피조물들 사이에서 살고 있다(로마 8,19-22 참조).

그러므로 교회 안에서 그리스도와 결합되고 "우리가 받을 상속의 보증이 되어 주시는"(에페 1,14) 성령의 인호를 받은 우리는 참으로 하느님의 자녀라 불리며, 실제로 하느님의 자녀들이다(1요한 3,1 참조). 그러나 아직은 그리스도와 함께 영광 속에 나타난 것은 아니다(콜로 3,4 참조). 그 영광 속에서는 우리가 하느님의 참모습을 뵈올 것이므로 우리도 하느님과 비슷하게 될 것이다(1요한 3,2 참조). 그러므로 "몸 안에 사는 동안에는 주님에게서 떠나 살고 있는 것이며"(2코린 5,6) 성령의 첫 열매를 지니고 있으면서도 속으로 신음하며(로마 8,23 참조) 그리스도와 함께 살기를 갈망하는 것이다(필리 1,23 참조). 바로 그 사랑이 우리를 재촉하여 더더욱 우리가 우리를 위하여 돌아가시고 부활하신 그리스도를 위하여 살게 한다(2코린 5,15 참조).

〈교회 헌장〉 48항

희망 안에서 현재를 살며

🧑 그리스도인들의 고향, 곧 하느님의 모습으로 창조된 인간의 본향은 하느님의 품이자 하느님 나라입니다. 그래서 순례의 길은 천상의 하느님 나라를 향합니다. 결국, 교회는 역사의 마지막 시기를 살고 있는 것과 같습니다.

👥 교회가 역사의 마지막 시기라면, 하느님 나라가 도래할 때는 역사의 개념이 사라지는 건가요?

🧑 그렇습니다. 역사의 마지막 시기를 살고 있는 우리는 하느님 나라에 대한 희망으로 이 길을 걸어가면서, 하느님 나라에 들어갈 준비를 하기 위해 끊임없이 영적으로 쇄신하고 정화하는 일에 충실해야 합니다. 하느님의 거룩한 나라가 임할 때까지요. 천년왕국설을 주장하는 사람들의 이론처럼, 교회와 하느님 나라 사이에 또 하나의 '중간 왕국'은 존재하지 않습니다. 비록 교회는 사라질 일시적인 특성을 지니고 있지만 예수님께서 이 땅에 오신 육화에서부터, 그분께서 다시 오실 재림의 파루시아 사이를 순례하는 존재니까요.

하느님께서는 그리스도를 통해 세상을 다스리시고, 그리스도께서는 또한 교회를 다스리십니다. 하지만 그리스도께서 교회를 다스리시는 방식은 세상의 임금이 자신의 왕국을 향해 권력을 휘두르는 것과는 전혀 다르다는 것을 잊지 않기를 바랍니다. 그리스도의 다스림은 사람들의 편을 갈라 분열을 가져오거나, 사람들을 심판하여 벌을 주려는 목적이 아니라, 모든 사람을 구원으로 이끈다는 점에서 세상의 다스림과는 전혀 다릅니다. 임금이 백성을 이해하기 위해 백성이 사는 마을로 내려와 천민이 되고, 백성을 위해 죽으면서까지 백성을 살리려는 마음, 그보다도 무한히 큰 사랑이 바로 예수님의 마음입니다. 그런 분과 함께 이 순례 길을 걷고 있다니, 이 얼마나 즐겁고 행복한 길입니까?

이제 가톨릭의 종말신앙과 관련하여 죽음과 심판, 연옥은 어떻게 생겼는지, 천국에는 무엇이 있는지, 지옥의 불은 몇 도(°C)인지 더는 궁금해할 필요가 없습니다. 천년왕국설과 같이 지상에 하느님 나라가 세워진다는 선전에 현혹될 필요도 없고요. 가톨릭 종말신앙의 핵심은 우리 삶의 아픔과 고통에 함께하시고, 우리의 기쁨과 슬픔에 함께하시는 하느님과 함께 걸어가며 천상 하느님 나라를 향한 희망 안에서 현재를 살아가는 기쁨이라는 사실을 기억하면 좋겠습니다.

"믿음은 우리가 바라는 것들의 보증이며 보이지 않는 실체들의 확증"(히브 11,1)입니다. 그리하여 우리는 믿음으로 확증을 얻었고 이것이 바로 우리의 희망입니다. 이를 통해 바오로 사도는 우리는 희망으로 구원을 받았다고까지 고백합니다. 그의 벅찬 고백을 들으면서 긴 이야기를 마무리해 볼까요?

"사실 우리는 희망으로 구원을 받았습니다. 보이는 것을 희망하는 것은 희망이 아닙니다. 보이는 것을 누가 희망합니까? 우리는 보이지 않는 것을 희망하기에 인내심을 가지고 기다립니다. 이와 같이, 성령께서도 나약한 우리를 도와주십니다. 우리는 올바른 방식으로 기도할 줄 모르지만, 성령께서 몸소 말로 다 할 수 없이 탄식하시며 우리를 대신하여 간구해 주십니다. 마음속까지 살펴보시는 분께서는 이러한 성령의 생각이 무엇인지 아십니다. 성령께서 하느님의 뜻에 따라 성도들을 위하여 간구하시기 때문입니다"(로마 8,24-27).

알고 믿으면 희망이 되는 그리스도교 종말론

아는 것이 힘이라는 말이 있습니다. 어쩌면 믿음에 있어서도 크게 벗어나는 말은 아닐 듯합니다. 믿는 바를 아는 것이, 그리고 아는 바를 믿는 것이 조금은 복잡하게 보일지 모릅니다. 하지만 믿는 바를 앎으로써 우리의 믿음은 더욱 깊어집니다. 사랑하는 사람을 알아 가면서 그 사랑이 굳건해지듯이요.

하느님께서는 이 세상을 살아가는 우리에게 끊임없이 사랑을 부어 주십니다. 우리는 그 사랑을 찾고, 맛보며 살아가고 있지요. 이 사랑은 당신 나라로 다시 불러올리실 때까지 멈추지 않습니다. 우리에게는 사랑하는 이가 있고, 그와 얼굴과 얼굴을 맞대고 영원히 시선을 떼지 않을 순간이 마련되어 있습니다. 그때가 바로 종말의 완성입니다. 우리는 그때를 기다리며, 사랑하는 이가 전해 주는 사랑의 표지들을 찾으며 살아갑니다.

하느님의 사랑을 알고 믿기에 종말을 희망할 수 있습니다. 종말의 완성을 향해 순례의 길을 나선 모두의 여정을 응원하겠습니다.

부록

1. 중세 천년왕국 분파들의 오류와 가톨릭 종말신앙

1) 중세 천년왕국 분파

　① 요아킴

　- 교회 쇄신을 위한 영적 투쟁을 극단화하여 엄격한 수도 생활과 복음적 청빈을 실천했다.

　- 그의 이론은 프란치스코회 영성파, 요한 베드로 올리비, 돌치노에게 전해져, 그리스도 재림을 고대하고 자유를 갈망하는 이들에 의해 극단화되었다.

　② 얀 후스

　- 죄인들에게 닥칠 파멸과 계급 없는 평등 사회라는 천년왕국의 이상을 주장하였다.

　- 지상에 천년왕국을 실현하기 위한 전투적 분위기를 조성했다.

　③ 타보르파

　- 한층 고조된 민중 운동을 전개했다.

- 천년왕국이 도래할 시간(1420년 2월 10일부터 14일 사이)과 장소(체코 남부 베히네)를 특정했다.
- 천년왕국을 맞이하기 위한 행동을 강조했다.

④ 토마스 뮌처
- 성령이 선택된 이들, 곧 현세의 가난한 이들에게 도래하여 현재 교회를 변화시키리라 믿었다.
- 이를 실현하기 위해 쇄신을 추구했으나 권력과의 투쟁으로 변질되었다.

2) 천년왕국설의 오류
  ① 예수의 재림으로 천년왕국의 도래를 기대하는 오류
  - 교회(실현된 하느님 나라)와 천국(실현될 하느님 나라) 사이에 또 하나의 왕국인 천년왕국을 세워 교회와 천국 사이의 연속성을 파괴했다.
  - 천상 하느님 나라와 지상적 천년왕국을 동일시하였다.
  ② 천년왕국을 맞이할 특정 집단 형성과 특권화의 오류
  - 천년왕국에 속한 이들만 선택된 백성이며 그들이 그리스도와 함께 지상에서 그 나라를 영원히 다스릴 것이라 믿었다.

③ 현세적 구원론의 오류

- 하느님 나라가 현세적으로 이루어질 것이라 기대하며, 이를 쟁취하기 위한 투쟁을 부추겼다.
- 현실에 불안감을 조성하여 취약한 이들(하층민, 농민 등)을 현혹하였다.
- 피지배자들이 지배자가 될 것이라는 기대를 불러일으켰다.

3) 가톨릭교회의 종말신앙

- 지금 우리가 살아가는 교회는 그리스도께서 이미 함께 하시며 불완전하게나마 지상에서 참된 거룩함을 드러내지만, 마지막 날 완전하게 하느님의 얼굴을 바라볼 수 있을 것이다(지복직관의 구원: 〈가톨릭 교회 교리서〉 670, 825항; 〈교회 헌장〉 48항 참조).
- 믿는 이들의 공동체인 교회는 예수 그리스도의 부활과 승천 후 예수 그리스도의 영광스러운 다시 오심을 기다리는 여정을 걷고 있다. 부활한 그리스도는 교회를 통하여 다스리고 교회는 예수 그리스도의 영광스러운 재림에 대한 희망으로 살아간다.

- 보이지 않는 하느님 나라(천국, 실현될 하느님 나라)와 지상에 이루어진 하느님 나라(교회, 실현된 하느님 나라) 가운데는 예수 그리스도가 있다.
- 교회는 시간의 역사인 지상 세계로 불려 모인 하느님 백성이다. 교회가 하느님 나라로서 완성될 때까지, 복음 선포와 선교 사명을 통해서 교회는 세상에 영원한 구원의 희망을 알린다. 교회는 믿는 이들이 단순히 역사에서 완성된 하느님 나라를 찾을 것이라고 믿지 않는다. 오히려 우리 모두가 구원의 목적지인 그리스도에게 나아가도록 초대한다.
- 그리스도인은 영원한 공동의 본향을 향한 순례자로 부름 받았다. 순례의 길은 천상을 향해 있다. 순례의 길을 걸어가는 교회는 완성을 향한 희망의 공동체다. 또한 교회는 순례의 길에서 영적 쇄신으로 정화를 이루어 간다.
- 교회는 지상에서 하느님 나라의 "싹과 시작"이다(〈교회 헌장〉 5항 참조).
- 교회는 "세말에 영광스러이 완성될" 것이며 그때 하느님 나라는 충만히 실현될 것이다(〈교회 헌장〉 2항 참조).

- 교회는 "신비 안에서 현존하는 그리스도의 나라"로 하느님의 구원 업적을 통해 "세상에서 볼 수 있게 자라나고 있다"(〈교회 헌장〉 3항 참조).
- 교회는 완성될 하느님 나라와 같을 수 없다. 따라서 교회는 인간 사회의 체계를 통해서 발전시키는 것이 아니라, 끊임없이 그 너머인 이상理想을 가리키는 역할을 해야 한다.

2. 우리 주변의 천년왕국 분파들

1) 미국 그리스도교계 분파

① 몰몬교Mormonism

명칭: 예수 그리스도 후기 성도 교회The Church of Jesus Christ of Latter-day Saints

창설: 조셉 스미스(Joseph Smith Jr., 1805-1844)가 1830년에 창설했다.

천년왕국설

- 스미스는 모로니Moroni라는 천사로부터 앞으로 펼쳐

질 역사와 충만한 복음을 계시 받았고 그것을 적어 〈몰몬경〉을 작성했다.
- 자신들이 거주하는 땅인 미국 대륙에 천년왕국이 세워지고 지상 예루살렘이 그리스도의 재림으로 이루어질 것이라고 주장했다.
- 예수의 재림으로 낙원에 자리하게 될 영들은 천년왕국이 시작될 때 부활하게 된다. 이들의 천년왕국은 미 대륙에 세워질 것이라고 하며, 그곳을 미주리주State of Missouri의 인디펜던스Indipendence로 지정하기도 했다.
- 낙원에 자리하지 않는 이들, 곧 감옥에 갇힌 영혼들은 천 년이 지난 뒤 심판 때에 부활하게 된다.

② 여호와의 증인

명칭: 여호와의 증인Johavah's Witnesses

창설: 장로교 환경에서 성장한 찰스 러셀(Charles Taze Russell, 1852-1916)이 1931년에 창설했다.

천년왕국설
- 러셀은 예수가 육체가 아닌 영으로 재림할 것이라며,

그 날짜를 1874년으로 제시했으나 후에는 1915년으로 변경하여 그 해가 찾아오기 전에 여호와의 증인들에 의한 하느님 나라가 완성될 것이라고 주장했다.

- 러셀이 죽은 다음 후계자인 조셉 러더퍼드(Joseph F. Rutherford, 1869-1952)는 천년왕국설을 본격적으로 설파하며 1925년과 1975년을 천년왕국의 시작 해로 주장했고, 그 해까지 남아 있는 작은 무리의 사람들과 예수 이전에 살았던 사람들이 부활해서 지상의 군왕이 되는 천년왕국이 시작될 것이라고 예언했지만 실현되지 않았다.
- 이들은 삼위일체 하느님을 인정하지 않으며, 예수는 1914년 영으로 재림했다고 주장한다. 그들은 이것을 소수의 여호와의 증인들만 깨달을 수 있다고 한다.
- 현재는 천년왕국으로 넘어가는 과도기다. 곧이어 아마겟돈 전쟁의 큰 환란이 벌어져서 악인들은 모두 멸망할 것이고, 전쟁이 끝나면 지상에 천년왕국이 펼쳐질 것이라고 주장한다.
- 천년왕국을 통치하는 이들은 여호와의 증인 14만 4천 명이다. 이들은 부활하여 이 땅에서 천년왕국을 다스

릴 것이다. 여호와의 증인 구성원들에게는 14만 4천 명 가운데 한 사람이 되는 것이 구원이고 왕 역할을 하게 되는 것이기에 중요한 목표로 여겨진다.

2) 한국 그리스도교계 분파
① 신천지
  명칭: 신천지 예수교 증거장막성전
  창설: 침례교 출신 이만희(1913-   )가 1984년 3월 14일에 창설했다.
  천년왕국설
  - 이만희는 자신이 성령을 통해 하느님의 계시를 받아 선택되었고, 계시의 비밀이 담긴 성경을 유일하게 해석할 수 있는 사람이라고 소개한다. 천년왕국은 자신을 통해 이루어지며, 요한묵시록은 자신을 증언하는 책이라고 주장한다.
  - 자신을 재림한 예수와 동일시하는 경향을 나타내며 자신이 천년왕국을 펼칠 구원자로서 자신과 자기 집단을 통해서 마지막 세대의 구원될 사람은 14만 4천 명이라고 주장한다.

- 천년왕국은 '신천지'의 창설로 시작되었고, 요한묵시록 20장을 근거로 내세우며 14만 4천 명의 구성원은 지상의 육에 천상의 영을 받은 이들이라고 주장한다. 이들은 묵시록에 나타나는 14만 4천 명의 공덕을 입은 '흰무리' 또한 천년왕국에 참여할 수 있고, 14만 4천 명에 속한 이들의 공덕으로 가족과 친척도 흰무리가 되어 지상에서 죽지 않는 영생을 얻을 것이라는 주장을 주된 근거로 삼고 전도 활동을 한다.
- 영원한 생명이 이루어질 천국이 바로 자기 집단이며, '신천지'가 곧 새 하늘 새 땅이라고 주장한다.

② 하나님의 교회

명칭: 하나님의 교회 세계복음선교협회

창설: 안상홍(1918-1985). 1947년에 미국에서 발생한 제칠일안식일예수재림교회에 입교하여 침례를 받았다. 하느님의 직접적인 계시를 받은 1953년이 예수 재림의 해라고 주장하며, 1964년에 '하나님의 교회 안상홍 증인회'를 창설했다.

천년왕국설

- 자신을 이 시대의 하느님이라고 소개하는 안상홍이 1985년 갑작스러운 죽음을 맞이한 후 그의 재림을 기다린다.
- 하느님의 인장을 받은 이들만이 구원받을 수 있는데, 안상홍을 구원자로 믿을 때 가능하다고 주장한다.
- 천년왕국이 지상에서 건설될 것이고, '하나님의 교회'가 완성을 이루는 날, 곧 안상홍이 재림하는 날까지 지속된다고 주장한다.
- 14만 4천 명의 숫자가 채워질 때 안상홍이 재림할 것이며, 자기들이 지상에 도래할 새 예루살렘인 '하나님의 교회' 건물에 속해 있는 사람이라고 주장한다.
- 1988년과 1999년, 2012년을 종말의 때라고 하는 시한부 종말론을 펼쳤으며, 그때 천년왕국인 '하나님의 교회'의 구성원들만이 살아남을 것이라고 주장했다.

알고 믿으면 희망이 되는
종말론 이야기

서울대교구 인가: 2024년 4월 8일
초판 1쇄 펴낸날: 2024년 12월 5일

지은이: 명형진
펴낸이: 나현오
펴낸곳: 성서와함께

주소: 06910 서울특별시 동작구 흑석로13길 7
전화: (02) 822-0125~7 / 팩스: (02) 822-0128
인터넷서점: http://www.withbible.com
전자우편: order@withbible.com
등록번호 14-44(1987년 11월 25일)

ⓒ 명형진 2024
성경·전례문·교회 문헌 ⓒ 한국천주교중앙협의회, 2024.

ISBN 978-89-7635-442-6   93230

• 이 책에 실린 내용은 펴낸이의 허가 없이 전재 및 복제할 수 없습니다.